ノーマライゼーションの原点・知的障害者と どうつきあうか

人間《にんげん》としての尊厳《そんげん》

［第２版］

ぼくたち、わたしたちは、みんな、大切《たいせつ》な「人間《にんげん》」なんだ。

Socialstyrelsen, “Integritet－Om respekten för vuxna utvecklingsstörda”
(Allmänna råd från Socialstyrelsen 1985:3)

スウェーデン社会庁《しゃかいちょう》 原著
二文字《にもんじ》 理明《まさあき》 訳

第2版の刊行にあたって

この本は、1985年にスウェーデンで出版されました。スウェーデン社会庁によって、知的障害者と接するときの手引書として役に立つことをねらって書かれたものです。

北欧発信の、ノーマライゼーションの思想が、法制度の中に、徐々に組み込まれていく時代背景の中で生まれました。スウェーデンでは、20世紀末までに、知的障害者の収容施設はほぼ解体を完了しました。知的障害者は、グループホームやひとり住まいで支援を受けながら、「障害を持たない人」と同じ暮らしをすることが可能になった時期と重なります。

知的障害者と関わるとき、どうしたらよいか。どうすることがノーマライゼーションの思想にかなったことなのか。本書は、施設の中における「知的障害者」と「職員」という関係において検証するというスタイルで追及しています。つまり、知的障害者を「人間としての尊厳」の対象としてみるということです。その精神にそって、例えば、「自己決定」「共同意思決定」、「守秘義務の遵守」といった諸原則を示しながら、「知的障害者」と「職員」の「関係の在り方」を明確に示しています。障害者の人権を尊重することとは何かを、日常の、当たり前すぎて見落としがちな情景を事例に照らして示しています。ノーマライゼーション思想の真髄が、「人間としての尊厳」という倫理的な価値を真剣に問うことの中に存在することを、わたしたちに教えてくれています。

施設解体を終えたスウェーデンでも、本書の内容は、在宅の、またグループホームの、ひいては自立生活を可能な限り追求する知的障害者と関わる限り、現在でも、そのまま通用するものです。ハード面の整備に留まることなく、ソフトとしての処遇原則を指針化した本書は、日本でも、知的障害者をはじめとする障害者全般の地位向上に寄与するものと確信します。それどころか、日本において、いわゆる社会的弱者に対する残虐ともいうべき悲劇が繰り返される不幸を目にしつづけるわたしたちにとって、本書の「人間としての尊厳」の内容を熟読玩味することがいかにたいせつかを思わざるを得ません。旧版から20年を超えた今日の時点でなお、本書の内容が新鮮さを失っていないことに驚きます。だからこそ、本書を、あらためて、日本社会に送り出したいと願います。知的障害者はもちろん、高齢者福祉の現場を含め、ケアの対象となる人々に関わる、すべての方々に是非読んでいただきたいと思います。

本書の経緯に関して少し記しておきたいと思います。日本での翻訳は、「ノーマライゼーション研究」1993年号に掲載されたのが最初です。それを叩き台に1998年に、「人間としての尊厳」(障害者人権文化室Nプランニング・ノーマライゼーション・ブックレット1)として小冊子版で刊行された後、同年、「スウェーデンの障害者政策」(現代書館)にも収載されました。今回、ここに再刊されるにあたって、あらためて「人間としての尊厳」を全面的に推敲し直しました。さらに、旧版では割愛されていた国連による「知的障害者の権利宣言」を資料2として追加しました。結果として、原著の内容が完全に再現されました。

資料2の「知的障害者の権利宣言」の内容は、4年後の1975年の「障害者の権利宣言」によって再確認されたうえで、さらに進歩した理念へと再構築されてゆく礎となりました。すなわち、1975年の「障害者の権利宣言」では、「知的障害者」から「障害者全般」へと対象が拡大されました。同時に、「〈実際上可能な限り〉障害のないものと同一の権利を有する」という表現から、「障害者の権利は、〈いかなる例外もなく〉すべての障害者に与えられる」へと書き改められました。その意味で、資料2の「知的障害者の権利宣言」は、現在の「障害者の権利条約」(2006年)へと連続する進化の出発点として、画期的、かつ、歴史的な意味を有するものであります。

本書が、当事者である知的障害者のために書かれており、その内容をできるだけ当事者に理解可能なものに近づける努力の必要を訳者として感じてきました。「平易な」文章で表記するという、言うは易く行うは難し「難業」に部分的ながら挑んでみました。「人間としての尊厳」の「もくじ」ならびに「各章のタイトル」を、「わかりやすい」文章にしました。資料の1および資料2も同様です。一連の、この作業に関して西淡路希望の家の協力をいただきました。貴重な意見をいただき、心から感謝申し上げます。

　このほか、出版には多くの人の尽力を必要としました。横浜の施設長である小形烈さんには、職員研修のテキストとして優れたものであるとの評価をいただいたばかりでなく、自らの立場から解説と推薦を寄せていただきました。ＮＨＫディレクターとして福祉番組の制作に長年携わり、障害者問題に精通した畏友、杉本章さんからは、日本の障害者政策の流れにおいて、本書をいかに読みとればよいかという視点で優れた解説をいただきました。訳者の本書訳出の意図を十分に理解した上でのユニークな解説によって、本書は、日本社会において再生することが出来ました。ありがとうございました。さらに、大阪教育大学附属養護学校の協力を得て、本書の表紙ならびに挿絵を美しく飾っていただきました。心から感謝します。旧版の刊行の際だけでなく再版が実現するための労を惜しまれなかった野嶋スマ子さんに感謝します。末尾ながら、再版の実現に尽力いただいた小林律子さん、菊地泰博さん、そして、編集の実務でお世話になった雨宮由李子さんに深甚の謝意を捧げます。

２０２０年睦月

二文字　理明

本書は、*Integritet–Om respekten för vuxna utvecklingsstörda*, Allmänna råd från Socialstyrelsen 1985:3 の全訳である。

執筆者まえがき

本書は社会庁の発行した「人間としての尊厳とケア――知的障害者と人間的処遇」（シリーズ「社会庁の見解」1977年度 第3号）を改訂し発展させたものである。成人の知的障害者の人間としての尊厳と自己決定への権利を内容としている。現実に発生すると思われる諸場面にどのように対処したらよいかということも述べてある。執筆者が特に重視しているのは、施設等における障害者と職員との共生の中から生ずる諸問題について、および共生の関係の中での職員の役割についてである。

本書の基礎となっているのは、国連による「知的障害者の権利宣言」（1971年）および1981年の国際障害者年に寄せて公にされた「知的障害者の自由と権利」（「スウェーデン社会庁通達」1981年 第13号）である。

本書は知的障害者のケアに携わっている人、および知的障害者の代理を務める人、たとえば本人の両親、*後見人、*グードマン、*コンタクトパーソンのために執筆された。本書はまた、高齢者など知的障害者以外の諸分野のケアに携わる人にも有効であろう。

カール・グリューネヴァルト
バルブロ・ヴェステルホルム

訳者註：未成年者に対する一般的な*後見人（förmyndare）制度の他、一八歳以上の成年者に対し、成年後見人制度として二種類の後見人が「両親に関する法律」（föräldrabalken）に規定されている。二種類の後見人とは、*グードマン（godman）、および、管財後見人（förvaltare）である。いずれも、①権利の監視、②一身上のこと（身上監護）および③金銭的なこと（財産の管理）の三領域にわたって、当事者を援助する。任命は裁判所による。二種類の後見人を列挙して対照してみると以下のようになる。

***グードマン**（godman）：指導助言的な性格が強い。

***管財後見人**（förvaltare）：当事者は法的執行能力を失う。グードマンより介入の度が強い。

右記の、グードマン（godman）、および、管財後見人（förvaltare）のほかに、*コンタクトパーソンがあるが、これはコミューンによって任命される。コンタクト・パーソンは、友人として当事者を支えていく。コンタクト・パーソンの任に耐えない事態に対処するにあたってはじめて、グードマン（godman）、および、管財後見人（förvaltare）が任命される。

文献：Ann Bakk, Karl Grunewald（1994）Omsorgsboken, Liber Utbildning./Hillevi Penton et. al（1995）Godmanskap och förvaltare, Conator./Sten Holmberg（1996）Godman och förvaltare, Studentlitteratur.

目次《もくじ》　本《ほん》の中《なか》に　書《か》いてあること

序 章

ぼくたち、わたしたちは、
みんな大切《たいせつ》な「人間《にんげん》」だ。

だけどほんとうに
大切《たいせつ》にされているだろうか。

倫理学では、何が善であるか、何が正義なのか、私たちの義務とは何か、といった疑問を考察する。合理的な倫理システムであればすべて、私たちの行為に従属して存在する他者に関心を払うように求めてくる。私たちは自分がどのように行動するべきかを自問するとき、私たちの行為によって影響を受けるすべての他者に対して配慮を忘れてはならない。

社会を多数の意思のみに一致させて秩序づけることは、私たちに本来備わっている公正の感覚に合致しない。社会にある組織というものは平等にすべての人に関係するものだ。誰も、その組織体の形を決定する議論から置去りにされるべきではない。ある集団が小さく、また影響力を行使するのが困難であるという事実があったにしても、それゆえに、その集団の利益が無視されてよいということにはならない。

出典 *「善い生活」（シリーズ「スウェーデン社会庁見解」1980年度第3号）
*文献一覧（68頁）1③参照

右記の引用文を記憶に留めておくことは重要である。これによって、私たちは自分の行動、態度、在り方が他者にどのように影響するものかを常に意識しておくことができるであろう。人間は一人のこらずすべて、配慮に満ち、尊重された処遇を受ける権利がある。これは基本的人権であって、当人が周囲の人々の尊敬や配慮を獲得することができる能力の持ち主であるか否かに関係なく、すべての人に普遍的に適用される権利である。

しかし、配慮され尊敬されることのない、利用されるだけの人々が存在している。彼らは、自己の生活に関して自ら選択することを許されず、また彼らの尊厳が顧みられることもない。こういった人々の一部を構成するのが知的障害者である。彼らは他者にほとんど全面的に依存した生活を送ってきた。彼らは知的障害のために諸権利を侵害される危険にさらされる。知的障害者の多くが、今なお、その一生を施設で終える。彼らにとって唯一接触のある人間は、多くの場合、彼らが日々出会う対象である職員だけだ。職員は知的障害者の生活の中で重要な部分を占める。職員は知的障害者にとって「模範」として機能する。職員との関係において、知的障害者は自己を認識する。知的障害者の生活の中で職員は格別に意味のある存在になっている。職員との関係の良否は、知的障害者の発達や「善い生活」を送る可能性にとって特に大きな意味を持っている。

私たちは、あるひとりの人に依存していればいるだけ、私たちはその人からの影響を、それだけ容易に受けることになる。それゆえ、他者をケアしたり援助することを仕事とする人々にとって、関係が搾取的にならないよう、あるいは、知的障害者を傷つけることにならないように注意を払うことが重要である。職員は知的障害者をケアするに際して、常に知的障害者を人間としての尊厳の対象とすることに格段に配慮しなければならない。このことは、障害者が自ら一連の価値を選択し、その価値に従って自らの生活を実現するという、障害者の権利を認識することを意味する。

知的障害者を援助し処遇する最善の方法においても、また同時に、彼らを人間としての尊厳の対象とすることにおいても、職員にとって確固としないことが、よく発生する。こういった、職員の間での確固たるものの欠落は不安や疑念に転換しやすい。この結果として、職員がインテグレーションやノーマライゼーションの原理そのものに疑問を感じてしまうに至る。職員に対する、なんらかの形での点検や指導が、ときには就業規則の内容に関しても必要となるのである。

スウェーデンの知的障害者のためのグループホーム、保護施設の職員は、年齢、経歴、態度、価値観、意欲等において多様な人々によって構成されている。障害者を包囲し、かつ援助している、この一群の人々には次のような職種がある。すなわち、ソーシャル・ワーカー、心理カウンセラー、医師、看護師、言語治療士（ST）、教師、理学療法士（PT）、作業療法士（OT）、余暇指導員、知的障害者のデイセンターの職員、行政機関の役人等である。もちろん、こういった人々の他に、障害者本人の血縁者、*後見人・*グードマン・*コンタクトパーソン等が含まれる。日常の小さなことに関する意思決定も、やがて、対立的なものも含め、一連の意見を形成するに至るのである。こういった観点に即して、障害者の願望は良心的に考慮にいれられなければならない。しかし、こういった願望が何かを知ることは容易ではない。また、職員が知的障害者に対してどのような行動をとるべきかを知るのも容易ではない。すなわち、障害者各自の私的な生活の権利と、グループ全体にとっての共通の利益を目指した処置との間に、どこでバランスを確保するのがよいか知ることも職員にとって困難なことである。どの程度まで知的障害者に影響を行使することが倫理的なのであろうか。

*訳者註（5頁）参照

知的障害者に関して、人間としての尊厳と権利の問題に関する、社会庁の見解は、本書の各章において展開されている。知的障害者との交流にかかわるルールも記述してある。第1章から第3章までは*「人間としての尊厳とケア」（社会庁刊、1977年）の改訂版である。第4章では職員によるケアの下にある知的障害者に対する職員の態度の問題を扱う。そして、多数の異なった場面での行動について最善の方向を提示する。また、職員と知的障害者との間の関係についての指針を提示する。本書の目的は知的障害者と職員間のノーマルな関係にできるだけ接近することにある。

*文献一覧（68頁）1①参照

第１章

ぼくたち、わたしたちにも、「人間《にんげん》」としての自由《じゆう》と権利《けんり》がある。

知的障害者の自由と権利

障害《しょうがい》があるからといって差別《さべつ》されてはならない。
ぼくたち、わたしたちの意見《いけん》を、
よく聞《き》いてほしい。
むずかしいことがあったら、助《たす》けてほしい。
職員《しょくいん》は、いっしょに考《かんが》えてほしい。
ぼくたち、わたしたちも、
自分《じぶん》のことは自分《じぶん》で責任《せきにん》をとれる。

知的障害者に対する伝統的な処遇は保護監督および収容保護であった。自由と権利は一種の賞として、または刺激として与えられた。しかし、知的障害者も本来、障害のない市民と同様の自由と権利を保障されている。自由と権利は法的根拠なしに制限されるべきではない。一つひとつのケースにおいて制限が加えられるかどうかは、その真価に照しあわせて個別に判断されるべきであろう。自由と権利の制限は明確に公正にのみ実施されるべきであろう。

上記の原則は1968年にイエルサレムで開催された、知的障害者のための協会の国際会議で確立された。同様の思想が1971年の国連による「知的障害者の権利宣言」の根底にみられる。知的障害者の自由と権利の内容に関する記述は社会庁通達にみられるとおりである。

憲法によれば、知的障害者を含む、すべての市民は言論、情報伝達、集会、デモ行進、結社および宗教活動の自由を享受する。他のすべての人々と同様に、障害者も屈辱や不快ではなく、人間としての尊厳（integritet）や自己決定（självbestämmande）および共同意思決定（medbestämmande）への権利を配慮された処遇を受けるのが当然である。成人としての年齢に達すれば知的障害者も選挙権を行使する権利を有するし、また、一身上の問題でも金銭上の問題においても自己責任をとれる。こういった諸権利は、障害の程度を問わず、すべての障害者に平等に適用される。自らの意思を人に伝えるのに困難がある場合は、当人をよく知るものが代弁者にならなければならない。

第２章

ぼくたち、わたしたちは、みんな大切《たいせつ》な「人間《にんげん》」だ。

知的障害者を一個の人間として尊重すること

(1)ばかにされたくない。
いやなことはされたくない。

(2)人《ひと》に、じろじろ見《み》られたくない。

(3)うそをつかれたり、
だまされたりしたくない。

(4)人《ひと》に知《し》られたくないこともある。

知的障害者を「人間としての尊厳」の対象とするという原則は尊重されなければならない。この原則は障害の程度を問わず、また、知的障害者がケアを受けていることに関して、本人の同意があるかないかにかかわらずすべての知的障害者にあてはまる。知的障害者を人間として尊重するということは左記の四項目のルールを遵守することを意味する。

(1) ばかにされたくない。いやなことはされたくない。

知的障害者は不快感を伴う侮辱的な処遇を受けない

知的障害者は侮辱的、屈辱的な処遇を受けてはならない。誰ひとりとして、嘲笑の的となってはならない。知的障害者に対して、侮辱的、嘲笑的な言葉を用いてはならない。知的障害者は、自分を援助する者以外の人の前で着衣を脱がされたり、裸にされたりするべきでない。なぜなら、たとえ障害者本人の言語表現や感情表出が不可能であったとしても、脱衣や裸は本人にとって侮辱的な行為となる可能性があるからだ。

(2) 人《ひと》に、じろじろ見《み》られたくない。

見学者の来訪等に際して知的障害者を見せ物にしてはならない

見学者のグループが施設等を訪問することがよくある。職員は、見学者を受け入れ、そして、案内してまわることを予知することができる。これに対して、入居している知的障害者はこういった見学に対していつも準備ができているわけではない。見学者が前もって入居者の許可を得ることなしに部屋に入っていくということも発生している。

職員は、見学者を迎え入れることを承諾するかどうか、入居者に前もって確認をする必要がある。もしも、彼らが、理由は何であれ、許可を出さなければ見学は中止されるべきである。どのような場合でも入居者は予定されている見学について前もって十分に予知されていることが重要である。

入居者が見せ物にされたという感情を抱かないように配慮しながら、見学者に情報を提供する方法はいろいろある。入居者を全く面前にしなくても多くのことが説明可能である。施設内を巡回するよりも映画を上映することの方がより多くの情報を伝えることになることもある。見学者のグループは小規模に抑えるべきである。入居者自身で見学者の相手ができる程度の規模であることが望ましい。

(3) うそをつかれたり、だまされたりしたくない。

知的障害者を経済的搾取の対象にしてはならない

知的障害者の多くはかなりの額の自由に使えるお金を所有している。彼らが自分の好きな人にお金を分け与えたがることもある。職員にとって受け入れてよいことと悪いことをわきまえることが困難であることが多い。「知的障害者福祉法規則」(Omsorgsstadgan)第108条によると、施設の職員は「実際上の経済価値」のある品物を受け取ってはならない。もちろん「実際上の経済価値」の意味内容については議論の余地がある。たとえば、誕生日にチョコレートを貰うことは許されるか。答えはおそらく「OK」であろう。他の誰とも同じように、知的障害者も他者に対して友情や感謝の気持ちを自由に表現することができて当たり前である。小さなプレゼントを受け取ることは、人間の通常の交際の範囲のことである。もしも、知的障害者の気前の良さが通常の範囲を越えて過度のものであったならば、職員は失礼にならないように、しかし、断固として、受け取りを拒否した上、そのような物品の受け取りは禁止されていることを説明しなければならない。拒否するべきかどうかはっきりしない場合は上司に相談するべきであろう。賄賂の嫌疑が生ずるのを避けるためには、ケースファイルに贈り物を受け取ったことを記録しておくことが賢明かと思われる。

このことに関連して、施設の職員が知的障害者を相手に「商取引をすること」および知的障害者に対して、職員たちのために何らかの労働をさせることは禁じられていることを銘記しておくことが重要である(「知的障害者福祉法規則」第108条)。「商取引をすること」は知的障害者から商品を買ったり、注文を取ること、また、知的障害者に物を売ること等を意味する。知的障害者が何らかの労働をすることを職員が期待するときは、職員は施設長または経済上のことに責任を持てる者にはからなければならない。許可が出てはじめて、労働賃金が決定することになる。職員が、たとえば、デイセンター等で知的障害者の作った製品を買おうと思うならば、職員以外の者が買うときの値段と同額を支払わなければならない。

いつもこのような文脈においては、職員は、何が許され何が許されないかを決定する際に職員自身の思慮を働かせることにおいて信頼を得ていなければならない。施設の職員全員が、何か問題が生じたとき適用するべき一連のルールを承認できているならば、すべての人に好都合である。

(4) 人《ひと》に知《し》られたくないこともある。

秘密の保持と守秘義務

知的障害者本人の許可なしには、何人も知的障害者宛ての、または、知的障害者から発信される手紙や文書を読んだり、変更を加えたり、保留したりする権利はない。しかし、本人が手紙を読んだり、書いたりするのに援助を必要とするときは、当然そのための援助を与えなければならない。

知的障害者が手紙を書いたり、品物を発注したりするという事態が発生する。これは知的障害者を混乱に陥れる。職員は障害者の混乱を知り得ることがある。そして、何か援助するべきかどうか躊躇するに至る。このような場合、知的障害者もまたミスを犯すということを、当然の権利としているということを想起する必要がある。職員の判断が、知的障害者の混乱から何も重大なことが生起しないということであれば、職員は事態を傍観してよい。しかし、知的障害者が何らか傷つくことになれば、職員は介入し、手紙の内容を変更させたり、投函を制止したりするように努めるべきである。

研修生や実習生も含め、知的障害者のケアに従事している者、または、従事したことのある者は、私人や当局に対し、知的障害者の個人的環境や健康状態について知り得たことを洩らしてはならない。守秘義務は代理人にも適用される。しかし、当該の情報の公開が本人やその近親者等に何も有害にならないことが明白な場合に限って、知的障害者の状況について他者に公開することも許される。原則として、知的障害者の家族は本人の個人情報を得る事ができる。知的障害者が公開に関して異議を唱えることはないと想定するのが合理的であるからである。しかし、この決定も、究極的には知的障害者本人の意思次第である。つまり、同意は情報公開に先立って本人自身から得られなければならない。唯一の例外は、それが何であれ、何の支障も生じないことが明々白々であると想定されるときだけである。これは、「守秘義務に関する法律」（Sekretesslagen）に明記されている。この規則は知的障害者のケアに関する領域および医療・社会福祉サービスの全領域にわたって該当する。

障害者自身が情報を提供することができないとすれば、問題は、どの情報が、通常の状況のもとでは自然の理にかなっていると思われる程度において情報を求める人にとっての関心の的になるかを決定しなければならない。当該の障害者自身を最もよく知っている人が情報提供者となるべきであろう。情報を提供するべきか否かの決定は、当該情報の本人が情報の公開を当然のこととみなすかどうかによる。情報の受取人が現に当該の知的障害者のケアにかかわっている人の場合は、一般的にはより多くの情報が提供される。少なくとも、障害者本人が情報の提供者となることが、もしも可能であったとしたら、本人が提供すると思われる程度の情報量が提供される。これは実際には次のことを意味する。障害者本人の利益を損なうような情報は洩らしてはならないということである。本人自身も話したくないと思われるからだ。

守秘義務の原則は、情報の入手経路や、秘密保持に関する誓約書に署名しているか否かといったことに無関係に適用される。しかし、研修に参加する人には守秘義務はない。もしも本人が応答することが可能ならば、近親者や研修に来た人からの質問はどのようなものであれ、直接本人に向けられなければならない。

ケースファイルは一般の人が利用できないように保管され、取扱われなければならない。ケアのための会議でも、当該の知的障害者のハビリテーションのために求められる情報の公開ができるのは、ケースファイルの取扱いに責任を負う職員に限定されるべきである。

原則として、知的障害者に関する文書は、本人の同意がある場合に、もちろん、その同意が有効なものと想定できるという条件下で、外部に公開される。〔同意に関する議論は、*「守秘義務に関する社会庁勧告」1982年度第4号、42ページ以降参照〕

*文献一覧（68頁）1④参照

本人が守秘義務の問題を判断する能力が全くないときは、法定代理人の同意が必要である。法定代理人とは、18歳未満では保護者、18歳以上では後見人である。情報提供を妨げるような状況が他になければ、上記の同意があれば十分である。たとえば、近親者が被害を受けることになったとしても、情報公開は可能である。

知的障害者の施設等を管轄する部局は知的障害者のリストや関連情報を所有している。繰り返し発生する問題は、どの程度まで、そのような文書に関する秘密保持が行われるべきかということである。この点については「守秘義務に関する社会庁勧告」から一部引用してみよう。

個人情報を内容とする記載事項や氏名のリストに関する秘密保持は「守秘義務に関する法律」第7章第1条に準じて行われるというのが基本でなければならない。したがって、本人や近親者等に不利益を生じないということが明らかなときだけ、情報公開が可能なのである。情報公開の可否をめぐる決定は、何の目的で情報が求められているかを考慮にいれるべきである。

通常は秘密保持上さほどデリケートでもない事項、たとえば、住所や電話番号等といった情報の公開も、時として不利益につながる潜在的可能性を持っている。その情報を受け取った人が他者にしつこい嫌がらせや迷惑行為を行うために情報を利用することも考えられるからである。しかし、原則としては、氏名、住所、生年月日等は当該の障害者本人に潜在的不利益をもたらすとは通常考えられない。

しかし、情報公開によって何も不利益が生じないと判断されれば、知的障害者やその近親者等に尋ねるということは必要でない。不利益が生ずる可能性がある場合は、適切な人に尋ねるか、または情報非公開ということになる。

情報公開の可否は、情報の使用目的によって決まる。特定の組織、たとえば、障害者団体が組織への加入の勧誘を目的としてきた場合、障害者の氏名のリストの利用を認めるべきかどうかという問題が発生してくる。このケースでは知的障害者、その近親者等が情報公開に異議を唱えないだろうということが想定される。

第３章

ぼくたち、わたしたちは、自分《じぶん》のことは自分《じぶん》で決《き》めたい。

自己決定の権利

(1)食《た》べたいもの、着《き》たいもの、すべて自分《じぶん》で決《き》めたい。
(2)将来《しょうらい》のことは、自分《じぶん》の思《おも》うように決《き》めたい。
(3)部屋《へや》にかってに入《はい》らないでほしい。
(4)いやだと思《おも》うのに、むりやりさせるのはやめて。
(5)カギをかけられて部屋《へや》にとじこめられたくない。

あなたは耳を傾けない
私が何か言おうとしても
あなたはわかろうとしない
私が何か説明しようとしても
あなたは信じようとしない
私にもできることを

したいようにすることは許されない
できることをしようとしても許されない
あなたの意思はいつも強く
あなたの知識はいつも一番

出典　ベンクト＝エーリック・ヘーディンによる詩集「共に生きる」より

もし私たちが成長し、自己のアイデンティティを確立することができるとすれば、日常生活をどう送るかを自分自身で決定することは私たちに許されるべき最も重要なことの一つだ。この理由から、私たちは知的障害者のためと称して、過剰な保護主義によって彼らを受け身にするようなケアを受けさせてはならない。むしろ逆に、知的障害者のためになされる行為は、彼ら自身の同意と協力を得て、計画され実行されるべきだ。

施設に生活する知的障害者は各自の能力に応じて意思決定に参加することを許されるべきである。意思決定への参加は、大規模、小規模を問わず施設に広く行き渡った、障害者への過保護と受身的態度の増加を考慮してみると、特に重要である。「私が何かすることを許されていない」ということが「私はしたくない」ということになってしまう。なぜなら、すべての決まりきった日課を受け入れるのはいとも安易なことだからだ。日課はすぐにも規則という地位を与えられることになる。しかし、職員が障害者の主体的な意思のサインを育てていくことはきわめて重要である。たとえ、そのサインが小さなものであっても、そのサイン以外には自分を表現するのが困難な人に関してはとりわけ重要である。その上、職員は障害者が自分の主体性の上に行為することを励ますべきだ。もしも、これがうまくいけば、さらに主体性が促進されることになるからだ。もし、うまくいかなくても、知的障害者は少なくとも自分自身のミスから何かを学ぶことになるだろう。

(1) 食《た》べたいもの、着《き》たいもの、すべて自分《じぶん》で決《き》めたい。

自己の日常生活上のことに関して自己決定する権利

人間はみな、日常生活の営み方を自己決定する権利を持っているという事実は議論の余地がない。しかし、たいていの人が自然であると認識しているこの原則もひとたび実行されることになれば、いろいろな複雑な事態に遭遇することになる。人間はみなそれぞれに異なった価値を持っているという事実に多くの人はつまずいてしまうことになる。もちろん、知的障害者は着衣、髪形、身の回りの衛生について自己決定しなければならない。しかし、知的障害者が社会的に受け入れられないような服装をして歩き回れば世間の人はそれを見て笑い物にするかもしれない。多くの場合、知的障害者は自分で結果の責任を取らなければならないであろう。しかし、それは知的障害者が生きていく最善の方法なのである。時には、自己決定し自分で責任を取るということのやり方は知的障害者を劣等感や挫折感に陥れるかもしれない。だから、このような状況に対処する方法はケースに応じて、固有の意味を考えるという原則に立ち戻って判断されなければならない。

その他の、困難な状況には、近親者が、職員によるケアが不十分だという指摘をする場合がある。知的障害者が身を清潔にし、きちんとした服装をし、自分の部屋を掃除して整理整頓しているかどうか、職員が見届けていないという指摘である。時には、職員の中からも同様の指摘がなされることもある。たとえばデイセンターの職員がグループホームや施設の職員を批判することもある。なぜなら、彼らは知的障害者が不潔なまま、だらしない服装で歩き回るのを放置しているからである。

(管理と放置の間で)バランスをとってきちんとやるのは大変なことだ。

職員がヘルパー、介護者としてよりも、むしろ支援者、スーパーバイザーとして機能するように、ケアに際しての職員の役割を変更していくことは時間のかかる、困難なプロセスを必要とする。時にはこの新しいタイプのケアに際しての役割の原則が、職員は知的障害者の日常生活に一切介入しないという帰結に至ることもある。この場合、職員は、自分の影響や援助の結果をおそれるあまり、何も関与できなくなるに至る。

しかし、知的障害者から責任感を取り上げてしまわないように指導することも可能である。知的障害者の思うことに注意を払うことは重要である。知的障害者は大切に処遇されなければならない。自己決定し、自分の行動について責任を取ろうとする知的障害者本人の試みは助長されなければならない。もしも、私たちが、重度の知的障害者でも責任を取ることを学び成長していくことを望むならば、彼らが意思決定に参加し、彼らが責任を持てる何かを与えるようにしなければならない。もし、私たちが、彼らに日常生活に参加するよう願うのならば、彼らにそれが可能となるようにチャンスを与えていく必要がある。

重度の知的障害者は概念世界を自分たちの得る、具体化された印象の上に構築している。彼らは、そういった方法で状況や対象を経験、記憶、比較、認知するのである。しかし、彼らは、目にみえない事物について想像をめぐらすことはできない。彼らの世界は「いま」と「ここで」を構成要素としているのである。いくつかの言葉を発語できる者もあるが、意味は解しないのである。しかし、彼らは語彙を状況と結びつけることはできる。つまり、何かが生ずるというサインとして語を理解するわけである。たとえば、たとえ知的障害者本人がそれぞれの語彙の意味を理解しない場合でも「外へ出なさい」という表現は外へ出るという行動へのひとつのサインになるのである。

重度の知的障害者がものごとを理解するのが困難であるという事実も、だからといって自分の意思がないということを意味するわけではない。重度知的障害者のケアを行うなかで、一番大切なことは、本人の願いを解釈し、本人の意思を引き出すように努めることである。

中度の知的障害者は会話ができる。つまり、語を理解し、語を用いて、単純かつ具体的にコミュニケーションすることが可能なのである。彼らは、以前に経験した「事」と、現に彼の面前にない「物」とを想起することができる。しかし、問題の解決や、計画の立案には困難があり、また、単純な思考過程を操作するのに長い時間を要する。問題の解決は試行錯誤によって行われることが多い。彼らは予期できない状況を切り抜けることや、将来計画を立てることに困難がある。

中度の知的障害者との会話の中で常に気を配らなければならないことは、彼らが相手の言ったことを理解しているかどうかである。事柄が不慣れなことである場合は特にそうである。それゆえ、事柄を説明するのに多くの時間を要するし、また、多様な方法手段で説明することが必要となる。

軽度の知的障害者のコミュニケーション能力の場合、障害のない人々との差は大してない。しかし、彼らには、抽象的、理論的思考の点で相対的困難が伴う。彼らは理解するのにより多くの時間を要するし、誰かが、表現や相関関係についてある程度の説明をすることが必要である。

知的障害者は日常生活上のことにはすべて参加するように多様な方法による助けを得るべきである。そういった活動を通じて、彼らはいろいろな技能を身につけるに至るのである。しかし、彼らが強制されたという感じを抱かないようなやり方で援助を受けることが必要である。この原則はすべての日常生活活動において当てはまる。

知的障害者は欲しくないものを、食べたり飲んだりするよう強制されてはならない。また、着たくもない衣服を着用することを強制されてはならない。職員は、彼らが他人を妨害したり、規則破りをしたりしない限りにおいて、本人の望むときに就寝し起床することを認めるべきである。知的障害者は本人の意思に反してトイレやシャワーを強制されてはならない。結果として本人の身の回りの衛生管理が望ましいようにきちんと行われないということも発生する。もしも、本人が自分の欲することを表現できないときは、彼を一番よく知っている職員が本人の立場に立って代弁するべきだ。たとえば、誰かが自分の好みの、赤いジャンパーを着用したいと思っていたとする。その場合、自分では多くの語彙を使って表現できないときでも、その意思が実現されるべきなのである。肝腎なことは、本人に一番近い人が他者に本人の気持ちを指摘してみせることである。

職員にとって知的障害者がどれ位の責任能力があるかをきちんと推測し得ないのは当たり前のことである。知的障害者が自己決定するにいたるように訓練するためにどうしたらよいか議論し合うことで、職員同士相互に助け合うことが必要である。

(2) 将来《しょうらい》のことは、自分《じぶん》の思《おも》うように決《き》めたい。

自己の将来のことを自己決定する権利

自分自身または自分の所属する集団にかかわる諸問題に関与し、影響を与えるという点で、軽度の知的障害者も、障害を持たない人々と同一の権利を持つ。彼らの生活に影響を与える「変更事項」が、彼ら自身での議論が可能になるように、彼らに理解可能な言葉で、彼らに提起されることは当然のこととされるべきだ。しかし、いつもそうとは限らない。「変更事項」として考えられるのは、たとえば、新しい住居や新しい作業所、新しい仲間、「知的障害者福祉法」(Omsorgslagen)の適用を除外される見込み等である。知的障害者の生活に関与する職員、両親等は知的障害者本人が発生しつつある事柄を理解しているかどうか絶えず点検するべきであるという点は重要である。決定についての実際上の関連事項は明瞭に説明されなければならない。それによって、知的障害者は、自分の見解を告げることができるし、いろいろな選択肢から選定することも可能になるからである。多くの知的障害者が他者と同じ程度に発語発声することが不可能な場合でも、彼らの願いや利益を無視する権利はない。

「知的障害者福祉法」第16条の、知的障害者のケアに関する条項によれば、ケアや教育訓練に携わる人は、知的障害者の発達の諸局面にわたり、彼らを援助するために知的障害者各自の、身体的、精神的能力について情報を入手することができる。それゆえ、社会庁によれば、ケース会議、知的障害者本人の会議、その代弁者の会議は、グループホームや施設等において開催されるべきであると規定している。（*「社会庁回状」1975年10月16日付、「知的障害者の施設での会議等に関して」）

*文献一覧（68頁）1⑤参照

ケース会議では、個々人のケアの日程が知的障害者の立場に立って作成されるべきである。当該の知的障害者には参加の権利があり、プランに示された処置に対して、自分の希望を表明し、コメントを付する権利がある。会議の言葉と内容は、知的障害者が議論に参加できる程度に単純なものであるべきだ。

万一、知的障害者が会議に参加できない場合、または参加したくない場合は、会議の前後に、それぞれ、討議予定事項、議決事項が情報として提供されなければならない。適宜、本人の*後見人や*グードマンにも情報がもたらされるべきである。場合によっては知的障害者の立場に立って発言するために適当な人物が、たとえば、近親者、後見人、または本人を一番よく知っている人が指名されるべきである。知的障害者は、何らかの決定が出る前に本人の権利について情報を受け取るべきであり、さらには、決定後は決定に対して反論を提出する権利のあることを知らされるべきである。要するに、当該の知的障害者の生活に関する根本的な変更についての決定は、本人の同意なしには不可能なのである。

*訳者註（5頁）参照

一連の議論にもかかわらず、ケアの形態またはケアの計画について何が適切なものかについて全員の合意がないまま結論を出してしまうことがある。このような場合、結論づけを遅らせてはならないという理由が特にない限り決定を遅らせるのが最善である。

知的障害者が自分の意見に固執するならば、次のことが適用される。すなわち、彼が「知的障害者福祉法」第34条によるケアを受けているとすれば、原則として、本人の意思に従って決定が行われなければならない。もしも、決定がなされたあとで、知的障害者が別の考えを持った場合は決定は可能な限り破棄されるべきである。

会議は知的障害者本人が日常の活動や希望について議論できるように運営されるべきである。会議は知的障害者自身によって組織され得る。しかし、情報を提供し、出された意見を集約し、系統化して示すために職員も出席することは望ましい。議題は出席者自身によって提案されたテーマから成り立っている。通常の議題は、生活や作業上の規則であるが、旅行、学習、共同購入等も議論される。

「代理人会議」は、知的障害者のケアに携わる職員と、知的障害者の代理人すなわち近親者、グードマン、後見人等との間の意思疎通を改善し、促進するために設定されている。共通の関心事が議論される。そして、様々の活動についての情報が流される。この種の会議では、個人のケースよりもグループ全体の一般的問題が扱われる。

知的障害者の状況に関する重要な問題について、近親者、グードマン、後見人が密接に協力することが重要である。彼らは、決定についての情報を得るか、または、会議に出席を許可されなければならない。知的障害者本人と一緒に、または、本人が代理人出席を希望したときおよび本人が自ら出席できないときは、本人の代理人として、近親者、グードマン、後見人等の出席が可能でなければならない。後見人やグードマンは知的障害者の代弁者として、当局に任命され、公認される。

社会庁は後見人、グードマン、コンタクトパーソンに関する冊子を刊行している。（*「社会庁見解」1978年第1号）この中で、上記のテーマに関する詳細な議論が展開されている。

*文献一覧（68頁）1②参照

(3) 部屋《へや》にかってに入《はい》らないでほしい。

プライバシーを保障される権利

成人の知的障害者の多くは施設やグループホームで生活している。施設を通常の家庭に似たものにするために大きな努力が払われてきたけれども、施設が集団生活の形態を維持するという事実は否定し難い。施設は、日々、一連の場面展開において、知的障害者が自ら選択したわけではない仲間と一緒に生活することを強いられる。それゆえ、知的障害者にとって自分自身の部屋を持つことは格別に重要である。知的障害者の寝室はパーソナルな住空間として考慮されるべきであり、可能な限り、私的な住居としてみなす努力を惜しんではならない。知的障害者各自は、自室に自分の好みで家具を備えてよいし、好みに応じた飾り付けをしてよい。居室が共有される場合は、双方の居住者の気持ちが顧慮されるべきである。誰かと居室を共有したいとか、それを中止したいとかの希望を表明した場合、その希望は尊重されるべきだ。

知的障害者が希望すれば、本人の居室を、外からでも、内からでも、施錠することが許されるべきである。自分で施錠できない者は、施錠に際して援助を受け、そして、その訓練を受けることも必要である。知的障害者の誰でもが自由に自室に入ることができるようにしなければならない。「誰でも」の中には、自室のドアの開錠の仕方を訓練されていない者や、自分の意思を表明するすべのない者も含まれる。この件に関しては、職員の細心の注意と、知的障害者の発するサインを解釈できる能力が決定的に重要である。

住居におけるプライバシーを守る権利は尊重されなければならない。この意味は、たとえば、ドアをノックすることもなく知的障害者の部屋に職員が入るべきでないといったことである。知的障害者が部屋を自分で管理できるようであれば、本人の不在中に職員は入室するべきではない。知的障害者のシャワーやトイレの使用に際して、本人が望むならば、職員が介入しないように配慮することが特に重要である。

知的障害者は本人の好む人を部屋に招き入れる権利を持っている。もろろん、来訪者が、本人にとっての異性であってもよい。同じ施設の誰かが何か邪魔をされるとか、過度の飲酒や来訪者の件で不穏当な影響を受けている等の懸念が生じた場合は、職員は、知的障害者に規則に従うように説得する必要がある。プライバシーを保障され、一人にしておいて貰うという権利は、知的障害者本人が、本人の同意なしに「知的障害者福祉法」の適用を受けている場合も有効である。

報道関係者の来訪に際して、各県は独自の規定を持っている。規定によると、施設長は、来訪者の許可にあたって疑念のあるときは、上司や、知的障害者ケアの担当当局の長にはからなければならない。報道側が施設での写真や映像撮影を希望する場合、次のことが遵守されなければならない。知的障害者の人間としての尊厳の完全な尊重が確かなものとなるように努めることが施設長の責任である。特殊隔離病院では、医長に同等の責任が置かれる。訪問に先立って、施設長ないし医長は報道側に、知的障害者本人に直接、または、職員を通じて、知的障害者本人が被写体になることに合意するかどうか尋ねるように、要求する。本人の意思に反して、また、本人が同意を表明できないのを無視して、写真撮影が強行されるべきでないのは言うまでもない。万一、このような規定が遵守されないことになれば、インタヴューや写真撮影は、直ちに中断されなければならない。知的障害者本人が同意したときにだけ、氏名が公表され得る。

知的障害者の施設で撮影された写真を公刊するために、被写体となった本人または、関係者（施設長、後見人、近親者等）の特別な許可は必要でない。しかし、公刊された作品は写真であれ、文章であれ、写真と文章のセットであれ、被写体となっている本人が他者による嘲笑の的にならないようにしなければならない。（*「出版自由令」（Tryckfrihetsförordningen）第7章第4条第9項および第11項）

*訳者註：「出版自由令」という訳語は、福本歌子（1997）「スウェーデンの公文書公開と言語表現権」青木書店、の用例に従った。スウェーデンの憲法は、統治憲章、王位継承令、表現の自由基本法、出版自由令という4つの法律から成っている。

報道関係者協議会によって公刊された、*「新聞、ラジオ、テレビに関する規定」（最新版は1982年版）という刊行物に注意が払われてしかるべきであろう。この倫理規定は、写真に関する規定も含んでいる。「新聞、ラジオ、テレビの倫理規定」の部分には、プライバシーの尊重を冒す可能性のあるものは、公共の利益の点で、一定の事実が公表されることが絶対必要である場合を除いて、公にされてはならないという規定がある。写真は、本人に不快であったり、不利をもたらすものであってはならない。また、その内容が、切り取りや、合成や、誤解を招く説明等で誤り伝えられることがあってはならない。本当でない写真が、本当のものとして公表されてはならないのである。

*文献一覧（68頁）2⑤参照

(4) いやだと思《おも》うのに、むりやりさせるのはやめて。

強制の禁止

法治社会では、個人に対する強制力の行使は避けられるべきであり、例外的な場合にのみ、最後の手段として行使されるべきであることは全く当然のことである。強制力が行使されるときは、その行使に明確な法的正当性が存在しなければならない。このことは当該の人物が知的障害者であるか否かにかかわらない。

強制力行使に関する規定は、「知的障害者福祉法」の中には存在しない。それゆえ、この件についての規定は、他の法的規定に依拠しなければならない。本書において、筆者らは本件に関連するいくつかの点を明確化することを意図している。しかしながら、保護施設および特殊隔離病院への入所および、そこからの退所に関する規定に関しての強制力の行使については、ここでは触れないことにする。

たとえば、逃亡等に関連して生じる諸状況を取扱うためには、強制力をいつも回避するわけにはいかない。法的正当性の根拠は「刑法」(Brottsbalken) 第24章第2条第2項に求めることができる。

刑務所に収監される者、拘置所に拘置される者、逮捕される者、また、その他の方法で自由を剝奪される者が、秩序ある状態に帰一することを求められたときに、逃亡したり、暴力でもって、または、暴行に至る恐れのある状態で反抗するとき、または、他の方途で監督責任のある者に反抗するときは、逃亡の発生を防止し、秩序を維持するためという理由で正当化できると考えられるような状況下であれば、強制力を行使してもよい。上記の者の他にも、同様の状況下で抵抗する者に対しては、誰に対してであっても同様の原則が適用される。

右記の規定は本人の同意なしに入所してきた知的障害者にも適用される。しかし、例外的な場合にあっては、本人の自由意思で入所してきた知的障害者を、一定の強制力に委ねることが必要なこともある。「刑法」第24章第4条において、いかなる場合に、そのような行為が許されるかについて規定している。

何らかの者の生命、健康を守るため、また、財産等を維持・管理するために緊急な行為を執行する者は、責任を回避できる。他者に対して生起したかもしれない危険や危害の性質、また、他の諸状況を考慮に入れれば、その行為が正当化される他はないと考えられるようであれば、行為の当事者は行為それ自体についての責任を回避することができる。

このように、知的障害者においても、他の一般の人においても生命や健康が危機に瀕したときは、危険を回避するためにはいかなる行為に出ることも可能である。たとえ、彼らを押さえこんだり、彼らから危険な道具を取り上げるようなことも可能である。他方、「刑法」第24章第4条の、緊急時についての規定によって、薬物治療は決して力ずくで強制してはならない。また、本人が、まわりの他者に決定的に危険な存在となっている場合を除いては、知的障害者を施錠して部屋に閉じ込めてはならない。

知的障害者が自傷行為的行動に傾きがちな状況が生ずることもある。経験が教えるところによれば、長期的展望に立ってみると、強制力の行使は、そのような症状を根絶するためにほとんど役立たない。しかし、緊急時に関する規定によれば、身体の一定の部分を防御するためには、短期間または、一定の期間、補装具を用いる必要があると考えられることもある。力で人を押さえこむ必要のあることさえある。人を動けなくする他の方法は、他者の生命や健康を守るためには絶対的に必要である場合にのみ用いられるべきである。このような方法は、医師の決定を条件としてのみ、採用されるべきである。しかも、これはきわめて短期の限られた期間にのみ行なわれるべきである。

場合によっては自由意思で入所してきた知的障害者も個人的自由の制限に服するべきである。こういった知的障害者がこのような自由の制限に服することを拒否したり、ケアに関する現行の方法に反抗した場合は、第一に取るべきステップは、知的障害者がそういった行動を変更するように説得に努めることである。もし、知的障害者が説得に従わないなら、本人の行動は施設にいたくないという意思として解釈されるべきであろうし、その場合、退所させるのが適当であろう。知的障害者の退所に伴って、他のタイプのケアが試みられるべきであろう。その点に関して知的障害者が他者の安全、生命に有害であると判断されるならば、本人の退所後、直ちに「知的障害者福祉法」第

35条によって、本人の同意がなくても再入所させることも可能だ。本人の同意なしに入所している知的障害者も、本人の意思に反してでも適切なケアを用意されるべきだ。そうでなければ、そういった知的障害者の施設入所が、保護的監禁以上のものではないことになるであろう。そして、退所見込みの見通しがかなり悪化することになる。ケアにおいて、たとえば薬物の投与による管理において強制力を用いることが厳密に制限されるべきであるのは言うまでもない。もしも、知的障害者が薬物の服用を拒否するなら、しばらく待ってみるのが最善だ。しかる後、服用するように説得してみる。面前で、具体的に服用の仕方を説明することだ。強制または、他の手段での自由の剥奪は当然のことながら、罰として実施されるべきではない。何らかの形の強制が執行される前に、知的障害者のケアに責任を持つ医師の判断を求めるべきだ。医師の判断を待つ余裕のないときは、強制力行使の直後に直ちに医師に対して告知がなされるべきである。

(5) カギをかけられて部屋《へや》にとじこめられたくない。

活動の自由の権利

自由意思で入所してきた者の活動の自由は制限されてはならない。病室や居室に施錠し、そこに居住している者が外に出られない状態にするべきではない。しかし、他者の生命や安寧が危険にさらされるのを回避するために、ある人物を他者から引き離すことや特定の部屋に閉じ込めることが必要であるときは、「刑法」第24章第4条が適用され得る。特定の部屋を施錠したままにしなければならないときは、複数の職員が常時張付いていなければならない。部屋に施錠したり、特定の人物を孤立状態に保持するという決定をくだすにしても、緊急事態を回避するのに必要な期間に限定するべきである。誰か他者を傷つけないために監察状態に置く必要があると考えられる者以外には対象を広げるべきではない。たいていの場合、非常に限られた数の知的障害者のみが部屋への施錠を必要とするにすぎない。したがって他の知的障害者はいつも自分の出たいときに出られる状態にあるべきだ。

本人の意思に反して入所してきた者の場合は、もしも閉じ込めなければ十分に処置することができないときに限って、部屋に施錠することに正当な理由が存在することになる。自由意思の入所者の場合は、明白な緊急事態の場合を除いて、部屋を出て行く権利が常時あるべきである。

第4章

みんなといっしょに生《い》きるために大切《たいせつ》なこと。

共生のための規準

(1)ぼくたち、わたしたちがいやなことは、ほかの誰《だれ》もがいやなことだ。

(2)自分《じぶん》のことは、自分《じぶん》で決《き》めたい。
みんなのことは、話《はな》し合《あ》って、みんなで決《き》めたい。
それがむずかしかったら職員《しょくいん》に助《たす》けてもらおう。

(3)誰《だれ》かを好《す》きになったらどうしたらよいか。
誰《だれ》かといっしょに住《す》みたくなったらどうしたらよいか。
職員《しょくいん》はいっしょに考《かんが》えてほしい。

(4)ぼくたち、わたしたちは、職員《しょくいん》がすることや、思《おも》うことを見《み》て、どうするか考《かんが》える。
職員《しょくいん》はちゃんとしてほしい。
混乱《こんらん》するようなことはしないでほしい。

成人の知的障害者の「人間としての尊厳」に対する侵害は多くの人が信じているよりも数多く発生している。事態を説明する一つの理由は、知的障害者のケアに携わる職員の多くが基礎的訓練を経ていないということにあると思われる。さらに加えて、知的障害者に対して気持ちよく対応するために必要な経験が不足している。特に危機的状況の経験が不足しているのである。職員は幻滅を感じるようになり、もはや知的障害者のケアの仕事に携わろうとする意欲を失ってしまう。しかし、多くの場合、人間としての尊厳の侵害は、ほとんどいつも無意識のうちに、しかも悪意なく発生してしまうのである。

施設やグループホーム等での共生のためのルールに関して指針となる原則、そして、その諸原則が合意を得る方法については次の通りである。

(1) ぼくたち、わたしたちがいやなことは、ほかの誰《だれ》もがいやなことだ。

すべての人に同一のルールが適用される

施設の中での共生のためのルールは、障害の内容や程度にかかわりなく、すべての知的障害者に対して同一であるべきであるという考え方を確立することが重要である。しかし、実際の場面の中で、知的障害者の一人ひとりが知識を獲得したり、経験から学んだりする能力は考慮されなければならない。最重度の知的障害者にもいろいろな経験を通して得るよろこびがあることを忘れてはならない。こういったルールは最重度の知的障害者であっても、その可能性を発展させるのに役立つ。もしも、職員の一人ひとりがルールを理解しなければ、知的障害者にとって刺激的な環境を創りだすという役割を担い得ないであろう。

①しせつの決《き》まりは、ぼくたち、わたしたちをほんとうに大切《たいせつ》にしたものだろうか。ぼくたち、わたしたちを無視《むし》してかってに決《き》めていないか。

施設内には三種類のグループが存在する

知的障害者のための施設やグループホーム等における規範や規則は、通常の就労の場所における場合とは異なり、作成したり整備するのに困難がある。通常の就労場所では諸規則に関して合意に達するために協議するのは二つのグループがあるにすぎない。すなわち、雇用者と被雇用者である。施設ではそれに加えて、施設に居住している者という、第三のグループが存在する。施設における活動の目的は、知的障害者のために、有意義な生活の質を伴った住空間を創出することにある。知的障害者にとっての住居はすなわち、職員にとっての職場なのである。

最も単純には、三者のうちの一つが実行されるべきルールを確定することができればよい。しかし、その場合、他の二つのグループは犠牲にされることになりかねない。最悪の場合、知的障害者が意思決定過程から除外され、知的障害者に市民としての自由と諸権利を保有させ、自らを成長発達させる諸条件を与えるような、知的障害者のための生活環境を創造するという、施設等が持つ本来の目的が水泡に帰すことになってしまうからである。それゆえ、前述のことはグループ間の調停を行い、柔軟性に富んだルールを作ることを意味する。調停および調停の結果としてのルール作りにおいて常に活動の本来の目的が尊重されなければならない。

②いっしょに生活《せいかつ》するための「ルール」は、ぼくたち、わたしたちの意見《いけん》をよく聞《き》いて決《き》めてほしい。

共存のための指導的原則

ノーマライゼーションは知的障害者のケアを支配する原則となっている。それは、知的障害者が障害を持たない人々と可能な限り同一の日常生活パターンと生活状況を体験できるような生活を送れる機会を獲得するべきであることを意味している。それゆえ、施設であっても、ノーマルな人間的諸関係や生活パターンを促進するような状況が作られるべきである。

ノーマライゼーションは包括的な指導原理であるだけでなく、知的障害者のケアにとって、目的それ自体であるといえるであろう。ノーマルな生活状況を整備していくにあたって最も重要な手段は社会のノーマルな諸活動の中に知的障害者のケアを統合することである。

知的障害者のケアの内容は、個々の知的障害者の自己決定および集団による共同意思決定への参加の権利に即して構成されなければならない。その基礎の上に、まず倫理的な「ルール」が、続いて実践的な「ルール」が決定されるのである。実際上は、自己決定の権利は時に応じ制限されるべきである。しかし、制限することが常態となってはならないのであって、例外的であるべきだ。これは、人が自己決定することを願うような領域に制限が加えられることを避けるためである。だから、たとえば最も重度の知的障害者も、少なくとも、食物、衣服、居住の態様や場所等について自己決定する権利を持っている。それゆえ、たとえ発語が不可能な知的障害者であっても、その意思を解釈していけるだけの、職員の能力が決定的に重要である。

③しせつの「ルール」がおかしいときもある。ぼくたち、わたしたちの意見《いけん》をよく聞《き》いて考《かんが》え直《なお》してほしい。

意見の対立

どんな集団であれ、共に生活する人達の集団の内部には、何らかの意見対立が必ず存在する。職員の仕事は意見の対立の原因を解明し、除去するように努めることである。対立は、要求が満たされないときや、グループ内の諸関係、知的障害者と職員との関係、また、外部の問題等から発生する。しかし、対立や攻撃的な兆候を知的障害者や、障害そのもののせいにすることがあまりに多い。

知的障害者も自らにかかわる事柄について、自分の見解を主張する権利を持っている。他の一般の人々と同様に他者からの過剰な妨害を受けることなく、意見の対立に対処する権利を持っている。しかし、対立は、見解、原則、規則の多様さから生ずることが多い。多様な見解、原則、規則は施設等につきものであり、知的障害者も職員もそれから無関係ではいられない。ウーヴェ・レーレンはこの点について、その著書*「知的障害者との対話」の中で次のように述べている。

*文献一覧（68頁）2③参照

施設等に居住しているという理由で、知的障害者が社会および、自分の生き方を変えていく可能性は最小になっている。知的障害者は他者によって決定された規則、決定や日常性の中に封入されたままで生活を送っている。知的障害者は「私はしたい」、「私はできる」といった語句の意味を知らず、「あなたはするんだよ」、「あなたはしなければならないよ」といった意味をよく知っているだけだ。

施設には、それぞれ破ってはならない「法律」がある。違反はいろいろな方法で罰せられる。このような規則は人によって作られ、従って本来変更可能なものであるのに、変更不可能な「法律」のようなものとして登場する。施設内の「法律」は物事の真実を知的障害者に悟られないようにしているのである。「職員は『私がしたいこと』を言う人である」という表現によって明確化される態度は施設の日常性や、規則というものの究極の結果なのである。このように知的障害者を制圧することは知的障害者の間での不平不満や反抗に至ることもある。これはいろいろな方法で処罰されることになる。不平不満分子は、多くの場合、病気扱いされ、薬剤投与の対象となる。

しかし、不平不満は抑圧的状況に対する反作用の一つであり、覚醒してきた批判的意識のうちに原因があることが多いのである。こういった意識は、世界は個人がそれを受け入れ、従うように強いられる法律によって統制・管理される必要はないという認識に基礎を置いている。

知的障害者から、本人の生活の中での自分自身の発言の機会を奪うことは、知的障害者から、人間としてのコミュニケーションを奪う事に等しい。

意見の対立が自由に語られるようになれば、意見対立も苦痛をあまり伴わなくてすむようになるであろう。おそらく、対立の原因は職員と知的障害者の相互の誤解であろう。こういった対立は二者が話し合う事によって解消し得ることが多い。あるいは職員が知的障害者の理解が及ぶ形で状況を説明することによって解消することができる。職員が知的障害者に対して前もって、何が予定されているかということと、その理由とを説明することで、多くの誤解は避けることも可能だ。他者がいつも本人に代わって意思決定をくだすのでなく、知的障害者本人が意思決定過程に参画することで著しい改善がみられることになろう。職員はいつも知的障害者の不平不満に耳を傾けることに時間を費やすことが必要だ。たとえ知的障害者が不平不満を表出するのに困難が伴ったとしてもである。

職員も自分自身の意図を検証しなければならない。知的障害者の頭の上で意思決定を行うことが慣習として定着してきた。その結果として、意見の対立場面において、知的障害者の意思表示を確認することばかりでなく、職員自身の意図を検証に付すべき理由が存在することになる。

もし知的障害者が怒り、攻撃的になっても、その攻撃性が暴力に転化しない限り、いかなる介入行為をも取ってはならない。むしろ、職員は、知的障害者の攻撃性の増加をくいとめるように努力するべきだ。わけても威嚇的な言葉かけや行為は避けなければならない。

職員の努力にもかかわらず、強制力による介入が不可避であるとしても、強制力による介入は回避されるべき危険の程度に厳密に応じて実行されるべきである。そして、状況が統制されたと判断されたときは無条件に停止すべきである。人を静かにさせるために薬が使用されてよいのはきわめて緊急な事態の場合に限られる。

知的障害者の行動が、移動したい、あるいは、「知的障害者福祉法」の適用下から脱し、試行的に自立したい、または、施設等から出て外泊の許可を得たいといった、本人の願望と結びついたものである場合には、知的障害者は、右のような意思決定に責任を持つ個人または複数の人々に自分の意思を伝えるにあたって援助を受けることが必要である。

職員が、意見の対立を満足のいくように解決するのが困難な場合は、適切な外部機関による援助や指導を受けるべきである。問題を施設等の内部で解決するために、あらゆる可能な措置がとられるべきだ。例外的な場合のみ、当該の知的障害者を他の施設等に移すことにより問題の解決を図ることができる。知的障害者を移す代わりに、むしろ、職員や日常活動を変更したり、職員を研修に参加するよう勧告することが行われるべきである。

(2) 自分《じぶん》のことは、自分《じぶん》で決《き》めたい。みんなのことは、話《はな》し合《あ》って、みんなで決《き》めたい。それがむずかしかったら職員《しょくいん》に助《たす》けてもらおう。

職員は知的障害者が自己決定の権利および集団での共同意思決定過程への参画の権利を行使できるように援助すること

知的障害者も他の人々と同様に、自分自身および自分のまわりの世界を受け入れ、理解するように努めている。すなわち、周囲で進行する事柄について理解しようと努めながら生活を送るのは、人間の本性である。世界を理解しようとすることの中で、最も本質的な駆動力となるのは人間としての情緒や経験である。

知的障害者の感じ取る力は、言葉、身振り等で自己表現する力よりも優れている。表現能力や感じ取る能力は、この二つの能力の相互作用の中で、また周囲の世界とのかかわりの中で発達するものである。それゆえ、知的障害者の表明する願望は漠然とした、回りくどいかもしれないが、表明されるすべての願望に職員はきちんと反応することを学ばなければならない。人のアイデンティティは他者に理解されているということを通して発達する。職員が知的障害者の出すサインに反応し、理解を示すならば、施設等での共同生活に必要なルールへの知的障害者の関心も高まってくるであろう。

合意を得た規範の範囲内で、職員は知的障害者のニーズや成熟度に応じて、多様な方法で知的障害者に対応する必要がある。ある場合は、自己制御をさらに要求することが正当化されるであろう。また別の場合、より一層支援的、指導的な方法が要求される。また、特異な行動を受容する必要があることもあろう。職員は自分たちの間でも、知的障害者との対応においても、社会的関係を結ぶ方法を見出さなければならない。この社会的関係はノーマルな交際にみられる冗談や、ユーモアを欠落させてはいけないし、また、知的障害者を排斥するものであってはならない。このことは、知的障害者のためということを意図して存在する施設空間において展開される、ふつうより幾分か長い会話について特に言えることである。そういった会話に、知的障害者は、希望するなら参加することを許されるべきである。また、その会話は、知的障害者を排斥しないようなやり方、言葉遣いで進められるべきであろう。職員は知的障害者のコミュニケーションに自らを合わせていき、どうしたら知的障害者が発言内容を把握できるかを理解するように努めなければならない。結局、職員は、知的障害者が主体であるホームに居るということなのである。

一人の知的障害者が、「みんなの中の一人にすぎない存在であること」に不満をもって、他の知的障害者とは一緒に生活したくないという事態も発生する。多くの知的障害者は否定的な経験から障害を意識するようになってきている。彼らは障害の存在を否定するか、または障害を常に想起させられるのを極端に好まない。知的障害者の側のこういった反応は配慮をもって取扱われなければならない。知的障害者に障害のことを話題にすることが、本人の状況や周囲の状況を明るい見通しに立って展望する助けにならないようなときは、本人を他の居住形態に移すことが考慮されるべきであろう。

(3) 誰《だれ》かを好《す》きになったらどうしたらよいか。誰《だれ》かといっしょに住《す》みたくなったらどうしたらよいか。職員《しょくいん》はいっしょに考《かんが》えてほしい。

セックスと同棲

他者との密接な接触を内容とするような他の職業においてもそうであるが、知的障害者とのかかわりで仕事をするときに、職員が自分の感情や価値観を棚上げにすることには困難がある。これは特にセックスや同棲に関する事柄の場合において問題となる。

長い間、子どもが生まれることを理由に、知的障害者のセックスおよび同棲の機会は制限されるべきだと考えられてきた。近親者や職員の態度ばかりでなく、知的障害者自身の態度にもマイナスの影響をもたらしてきている。最近数十年間にこういった考え方は変化してきた。つまり、セックスは今やそれ自身、固有の価値を持っており、子どもを産みたいという願望は他の要因によって決定されるべきことなのだ。スウェーデン社会庁は、親としての知的障害者についての小冊子を、*「知的障害者が親になったとき」（「スウェーデン社会庁見解」１９８０年第６号）という題で出版している。同じタイトルで教材も準備されている。

*訳者註：*Utvecklingsstörda och föräldraskap*, Socialstyrelsen anser 1980:6

知的障害者のセックスについての職員の態度について、また、職員の中に生ずる感情について職員相互で話し合う機会があることは重要である。セックスについての、職員の考え方は知的障害者と職員との関係の中で意見対立を引き起こす可能性がある。たとえば職員の中には婚姻外の性的関係は許されないという意見の人もいるかもしれない。その場合、そういった意見を持つ職員にとっては、結婚せずに同棲したいと思っている知的障害者を支え援助するのは困難なことになるかもしれない。このような問題は、私たちの社会の中でノーマルだと考えられる線に沿って、問題に直面する職員グループの内部で解決がはかられなければならない。立場を越えて、職員グループ内で一致できる考え方に立脚する必要がある。合意により確立されるべきルールはまず第一に知的障害者のためのものであるべきであって、職員の都合は二の次であるべきだ。

本稿執筆時点において、知的障害者の同棲については公的な規定は何も存在しない。知的障害者が法律上一定の年齢に達しているか否か、または施設等に生活しているか否かにかかわりなく、規定は存在しない。多くの場所で、知的障害者のセックスに対して偏見のない態度が確立してきている。このようにして一部の知的障害者を助けて安定した性的関係に導くことが可能となってきた。しかし、依然として多くの施設等で、知的障害者は、自分の部屋を持たず、誰にも邪魔されないですむ場所もない状態にある。知的障害者が一人でまたは誰かと共に邪魔されずに居たいと思うときに、個人の人間としての尊厳や自尊心が侵害される状況が簡単に発生してしまう。知的障害者のための施設やグループホーム等に生活するカップルが、同棲したいと希望したとき、まず第一にするべきことは、施設等の外に彼らだけの住居を用意できるかどうか調べてみることである。

職員が知的障害者の各方面での発達を援助するにあたって、性的な領域だけでなく、他の重要な生活の領域についても手助けしていくことが大切である。援助には次の二つのものが含まれなければならない。第一に、セックスおよび同棲生活についての指導。第二に、そのテーマに関する会話である。会話に際しては、職員も近親者も知的障害者本人の疑問に対し十分配慮した対応をするべきである。他方、知的障害者の自己制御を上回るような性的満足を得させるように職員が援助するべきではない。直接的な援助は、知的障害者の側に、当該の職員に対する特別な関係や非現実的な期待感をもたらすであろう。そして、これは職員、知的障害者の双方にとって取扱いの困難なものになるのである。加えて、そのような援助は依存的状況にある人間への性的暴行として解釈されてしまう危険がある。これはその行為に関与した人物にとって法的罰則につながり得る。しかし、知的障害者が自分自身の身体をよく知るための援助を職員から得られなくなってはならない。

こういった問題はケース会議でも取り上げられるべきであるし、職員の基礎教育でも現職研修でも扱われるべきである。知的障害者の個々人のニーズや人間としての尊厳といったことを基礎にして、問題が議論されるべきである。

1975年にスウェーデン社会庁は知的障害者の性的な面に関する共同生活について基本的見解を提示した。この見解の中には、断種、不妊、妊娠中絶、法的能力といったテーマも扱われている。見解の要約が、知的障害者ケアに関するスウェーデン社会庁の勧告（スウェーデン社会庁法令集の補遺）の中にみられる。「知的障害者の同棲および法的能力についての見解」（K・グリューネヴァルト著、1975年）という題目で執筆されている。

このテーマに関していくつか文献を推薦しておきたい。第一は、*「知的障害者とセックス」（E・ヨハンソン、H・レンネ共著、LT出版社刊、1980年）である。この本は知的障害者の両親たちや職員向けに書かれ、学習サークルの教材としても使用できるように作られている。第二は、*「愛する権利」（W・グリーングロス著、Natur och Kultur出版社刊、1979年）。第三は、*「自立、連帯、共生」（O・レーレン著、ALA刊、1982年）。第三の本には教材用の小冊子も付いており、知的障害者のケアに携わる職員向けに執筆されている。

*文献一覧（68頁）2①②④参照

(4) ぼくたち、わたしたちは、職員《しょくいん》がすることや、思《おも》うことを見《み》て、どうするか考《かんが》える。職員《しょくいん》はちゃんとしてほしい。混乱《こんらん》するようなことはしないでほしい。

職員はモデルとして機能する

私たち人間は周辺世界から受け取る刺激によって絶えず影響を受けている。ある対象についてのある方向での考えを私たちが抱くようになるもとは、両親であったり、職場の同僚だったり、あるいは見たことのあるテレビ番組や映画であったりする。私たちの存在の在り方、スタイル、意見、私たちがどのように見えるか、私たちの行為等、こういったものは私たちに影響を及ぼすすべての事柄に対してどう反応しているかということの結果である。

知的障害者のうち終生を施設ですごすような人にとっては、日々出会う職員が、交流し、自己確認できる唯一の相手となることもある。

それゆえ、知的障害者が自己自身のアイデンティティを探し求め、自分の周辺で発生することを理解しようと努めるときには、職員の態度、期待、説明が大きな比重を占めるものになるかもしれない。知能はモデルを模倣することでかなりの程度発達するものであってみれば、職員の行動の仕方が重要なものになる。

しかし、職員が良い事例になるようにしようとするなら、異なった存在としての職員が同一の基本的価値を保有していく必要がある。このことは、かなりの程度の忠誠心を要求することになると同時に、職員が知的障害者に対してどのような基本的態度をとるか議論する機会をも要求することになる。上のような条件が充足されれば、最終的に一定のガイドラインを決定できることになるであろう。そのガイドラインを適用することによって知的障害者が自分の生活をやりくりするのを容易にすることができる。

最善の場合、職員間での、この種の相互の話し合いが職員間での共通の規範を成熟させていくことにつながる。このようにして、ダブル・スタンダード（基準が二つ存在してしまうこと）の問題を回避できる。さもなければ、ダブル・スタンダードは施設での複雑な共同生活の中で簡単にはびこってしまう危険性がある。

ダブル・スタンダードの一つの例は次のようなものである。つまり、職員が知的障害者に生じた意見の対立について十分オープンに話したり、解釈したりするように常に指導していく一方で、職員間では、職員がお互いに何もしゃべらず、また、お互いに策略をめぐらしながら歩き回ったりすることである。別の例は、職員やその他の職場の同僚たちの職務においては自分の感情を出すように要求しながら、知的障害者には同様のことを許さないといった事態である。

いくつかの要因が、規範の作成過程における合意形成を妨害している。たとえば、世代間ギャップ、訓練を受けた職員と受けていない職員とのギャップなどである。新しい職員が来たときにも問題が生じる。新しい職員が訓練を受けていなかったり、知的障害者のケアの経験がない場合などは特に問題である。同様に、本人自身がまだ他者との関係で安定感を得ていない若い人が着任した場合も難しい。多くの場合、彼らよりもかなり年齢が上の知的障害者に対して柔軟な態度をとることはとりわけ難しい。重要なのは、経験のある職員が経験に乏しい若い職員を援助することである。知的障害者にかかわる仕事をするに至った動機が何かということも重要である。多くは理想主義的なものであるか、またはビジネスライクなものである。さらに、職員の動機も変わっていく。五年や十年の経験の後にも、仕事を始めたときと同じ動機のままであることはめったにない。

職員相互の間での問題と、職員と知的障害者との間での問題と、二つとも解決することが求められる。それゆえ、職員のすべては現職研修を受けたり、指導助言を受けたりする権利があるといえる。しかし、職員によっては、そのような研修に参加したがらないことがある。施設の長はその理由が容認できないものであれば、知的障害者のケアの仕事を続けることに関して、その職員の適格性を問題にする必要があろう。

第５章

ぼくたち、わたしたちは、
みんな、大切《たいせつ》な「人間《にんげん》」なんだ。

結論

ぼくたち、わたしたちを、
「人間《にんげん》」として大切《たいせつ》にしてほしい。

人間としての尊厳を確実なものにするという、私たちに課せられた責任は非常に重要であり、自分の意思を表現する力をもっているか否かにかかわらず、すべての人に及ぶべきである。知的障害者を人間としての尊厳の対象とするという考え方が知的障害者のケア全体に広く行き渡る必要がある。

知的障害者の人間としての尊厳が侵害されたり、また知的障害者が侮辱や屈辱の伴う処遇にさらされるような危険性はあらゆる状況下に常に存在する。しかし、施設やグループホーム等で知的障害者が他の知的障害者と共同生活を送るときは、私たちはこの危険性に格別の配慮を払うべきである。職員は自らの特別な役割を意識しなければならない。知的障害者が自分の周囲に生じている事柄をよく理解できるようにするためには、職員の態度、期待、説明は決定的に重要である。人間の心理学的な発達の多くはモデルの模倣によって起こるものである。それゆえ、職員の行動パターンが大きな役割を果たす。次の二つの事項が重要である。すなわち、①職員の行動パターンや価値観において一定のコンセンサスが行き渡っていること。②職員は、職員と知的障害者との関係をうまく機能させるにあたって自分たちの見解を明瞭に示すこと。

他者を配慮し、他者を人間として尊敬することが自尊心のもとなのだということを、職員が理解することが最も重要である。人間はすべて、他者を理解し、他者の考え方や感じ方に思いをめぐらそうと努力することが要求される。このような過程は、職員と知的障害者の間の積極的な相互作用や、情緒的な絆があってはじめて生まれる。そのような状況下においてはじめて、知的障害者のもっている能力や生活に積極的に参加して行く力が開花していくであろう。そうすれば、知的障害者は自分の願望することを表現する能力を発展させることさえ可能になるであろう。すなわち、自分自身の生活に関して自己決定していく力を伸ばせるのである。

文献一覧

1　スウェーデン社会庁刊行物

① Integritet och omsorg−Vuxna psykiskt utvecklingsstörda och den personliga integriteten, Socialstyrelsen anser 1977: 3.

② Förmyndare, godman, kontaktperson för utvecklingsstörda, Socialstyrelsen anser 1978: 1.

③ Ett gott liv, Socialstyrelsen anser 1980: 3.

④ Sekretess, Socialstyrelsens allmänna råd 1982:4.

⑤ Konferenser och möten på vissa inrättningar för psykiskt utvecklingsstörda, Cirkulär 1973-10-16.

⑥ Utvecklingsstördas fri- och rättigheter, Socialstyrelsen Meddelandeblad nr 19/81.

2　その他の文献

① W Greengross: Rätt att älska. Natur och Kultur, 1979.

② E Johansson och H Wrenne: Förståndshandikappade och sex. LTs förlag, 1980.

③ Owe Røren: Gruppsamtal och utvecklingsstörda. Natur och Kultur, 1976.

④ Owe Røren: Självständighet−Samhörighet−Samlevnad. ALA, 1982.

⑤ Pressens Samarbetsnämnd: Spelregler för press, radio och TV, senaste upplagen 1982.

資料《しりょう》1

わたしたちにとって、自由《じゆう》とは何《なに》か？
権利《けんり》とは　何《なに》か？

スウェーデン社会庁《しゃかいちょう》による「知的障害者《ちてきしょうがいしゃ》の自由《じゆう》と権利《けんり》」

（「スウェーデン社会庁《しゃかいちょう》通達《つうたつ》」１９８１年第《ねんだい》19号《ごう》）

・Utvecklingsstördas fri- och rättigheter, Socialstyrelsen Meddelandeblad nr 19/81

1．わたしたちは、ほかの人《ひと》と、同《おな》じ権利《けんり》を持《も》つ。

わたしたちは、今《いま》まで、家族《かぞく》やほかの人《ひと》によって、守《まも》られ、施設《しせつ》に入《い》れられてきた。

「自由《じゆう》にしてよい」というのは、わたしたちにとっては「ほうび」であった。しかし、「自由《じゆう》にしてよいこと」は、わたしたちにとっても、当《あ》たり前《まえ》のことであって「ほうび」として特別《とくべつ》に与《あた》えられるものではない。わたしたち知的障害者《ちてきしょうがいしゃ》は、ほかの人《ひと》と同《おな》じ権利《けんり》を持《も》つ。法律《ほうりつ》に決《き》めてあるとき、あるいは、何《なに》か特別《とくべつ》な事情《じじょう》があるときだけ、自由《じゆう》にできなかったり、当《あ》たり前《まえ》ではなくなったりする場合《ばあい》がある。わたしたちが、デモに参加《さんか》して行進《こうしん》したり、障害者団体《しょうがいしゃだんたい》に入《はい》ったり、宗教団体《しゅうきょうだんたい》に入《はい》ったりすることは自由《じゆう》である。与《あた》えられた権利《けんり》を実現《じつげん》するために、自分《じぶん》のしたいことを主《しゅ》張《ちょう》したり、意見《いけん》を言《い》ったりできるように援助《えんじょ》を受《う》ける

1．知的障害者も他者と同一の権利を持つこと

伝統的に、知的障害者に対する社会観において支配的であったのは保護と収容である。自由と権利はまず刺激と報償として与えられた。しかし、すべての知的障害者は他の一般市民と同一の自由と権利を持っている。法的根拠または個々のケースにおける特別な目的のある場合を除いてこの自由と権利が制限されてはならない。表現の自由、情報獲得の権利、集会の自由、デモ行進の権利、結社の自由、信仰の自由はすべての人に当てはまる。知的障害者がデモ行進し、連盟のメンバーになり、宗教団体に加入することを妨害してはならない。知的障害者がこのような権利を活用することができるように、自らの関心を主張し、意思を表明するように刺激していくことが必要である。周囲の人々は、知的障害

ことができる。まわりの人《ひと》は、わたしたちが思《おも》っていることを受《う》け止《と》めて、わたしたちにわかるような言葉《ことば》で、わたしたちとつきあうように努力《どりょく》しなければならない。

わたしたちは、自分《じぶん》の世界《せかい》を持《も》っている。わたしたちの世界《せかい》へ勝手《かって》に入《はい》ってきてもらいたくない。手紙《てがみ》や電話《でんわ》を、勝手《かって》に見《み》られたり、聞《き》かれたりしたくない。ばかにされたり、いやなことをむりやり押《お》し付《つ》けられたくない。わたしたちに罰《ばつ》を加《くわ》えてはならない。わたしたちにとっても、自分《じぶん》のことについては、自分《じぶん》で決《き》めるのが、当《あ》たり前《まえ》だ。

者が願っていることを理解し、彼らの理解力の程度に合わせて言葉遣いや表現手段を調整するように努める必要がある。

他の一般市民と同様に知的障害者も個人的な詮索の対象となるべきではない。誰も、招かれもしないのに知的障害者の私的空間に侵入してはならない。また、彼らの手紙を開封したり、電話の盗聴をすることは禁止されている。知的障害者は侮辱的、屈辱的な処遇を受けたり、罰を受けたりしてはならない。知的障害者は個人的な事柄について自己決定する権利を持っている。

2. わたしたちは、自分《じぶん》のことは、自分《じぶん》で決《き》めることができるように援助《えんじょ》を受《う》けることができる。

食《た》べ物《もの》、住《す》む家《いえ》、する仕事《しごと》、着《き》る服《ふく》などについて、いくつかの中《なか》から、自分《じぶん》で選《えら》ぶことが大切《たいせつ》だ。ちゃんと選《えら》ぶことができるように、ひとつひとつの中味《なかみ》がなにか、よくわかるように、助《たす》けてもらいながら練習《れんしゅう》することが必要《ひつよう》である。わたしたちが、どうしても理解《りかい》できない場合《ばあい》に限《かぎ》って、ほかの人《ひと》が、わたしたちに代《か》わって、決《き》めることができる。その場合《ばあい》も、わたしたちと相談《そうだん》することが必要《ひつよう》だ。おとな（法律《ほうりつ》の決《き》める年《ねん》齢《れい》）になれば、わたしたちも選挙権《せんきょけん》（選挙《せんきょ》で投票《とうひょう》する権《けん》利《り》）を持《も》つ。投票《とうひょう》するために必要《ひつよう》なことを知《し》らせてもらって、誰《だれ》からも命令《めいれい》されることなく、自分《じぶん》で決《き》めて投票《とうひょう》することができるように援助《えんじょ》を受《う》けることができる。

2. 自分自身の選択を行なう訓練

知的障害者が異なった選択肢の中から選び取る能力は限定的なものであることが多い。

選択能力をつけるためには、食べ物、住居、作業、衣服等について、異なった選択肢の中から選び取る試みを純粋に実践的に行なう必要がある。ケアの種々の形態に関する選択についてもこのことがあてはまる。知的障害者が明らかに、選択肢の長所、短所を理解していないか、または決定することができない場合にのみケアの責任を持つ人物が本人に代わって選択を行なうことができる。この選択も知的障害者本人を最も良く知っている人と相談の上で実行されなければならない。

法定年齢に達した知的障害者は選挙権を有する。知的障害者は選挙に関する情報を受け取り、圧力をうけることなく投票できるように援助される。

3. おとな（法律《ほうりつ》の決《き》める年齢《ねんれい》）になれば、自分《じぶん》で責任《せきにん》を取《と》ることができる。

おとな（法律《ほうりつ》の決《き》める年齢《ねんれい》）になれば、自分《じぶん》の身《み》の回《まわ》りのこと、お金《かね》のことについて、自分《じぶん》で責任《せきにん》を取《と》ることができる。わたしたちを守《まも》り、わたしたちに代《か》わって、わたしたちの意見《いけん》を言《い》ってくれる人《ひと》（グードマン）を選《えら》ぶことができる。グードマンは、わたしたちの気《き》持《も》ちを大事《だいじ》にして、わたしたちのために働《はたら》いてくれる。

グードマンの助《たす》けがあっても、自分《じぶん》の財産《ざいさん》を管理《かんり》できない場合《ばあい》は、法律《ほうりつ》によって責任《せきにん》を問《と》われない人《ひと》（成年後見《せいねんこうけん》に付《ふ》されるのが適切《てきせつ》な者《もの》）となる。この場合《ばあい》、財産《ざいさん》の管理《かんり》を助《たす》けてくれる人《ひと》（後見人《こうけんにん》）が必要《ひつよう》となる。法律《ほうりつ》によって責任《せきにん》を問《と》われない人《ひと》であっても、自分《じぶん》で仕事《しごと》をして稼《かせ》いだお金《かね》は自分《じぶん》で使《つか》い道《みち》を決《き》めるべきだ。法律《ほうりつ》によって責任《せきにん》を問《と》われない人《ひと》であっても、できる

3. 法定年齢に達した者は自己責任を取ることができる

法定年齢に達した知的障害者は、一身上の事項および金銭的事項いずれの分野においても原則として自己責任を取ることができる。知的障害者が信頼を置く人物を*グードマンに選ぶことができる。その人物が金銭的な問題において知的障害者の代弁者となるだけでなく、一身上の援助を与えることもできる。グードマンが知的障害者の意思に反して交代することはできない。

*訳者註（5頁）参照

自己または自己の財産を管理できない知的障害者の場合、若干関与的な方法で、例えばグードマンを置くことによっても援助の効用がないときは法的無能力とみなされる。後見人は知的障害者の資産の管理について決定する。もしも本人に不可能で

だけ、自分《じぶん》のことは自分《じぶん》で決《き》めるべきだ。

4.「話《はな》し合《あ》うこと」「助《たす》けてもらいながら自分《じぶん》で決《き》めること」

わたしたちは、いろいろな種類《しゅるい》の施設《しせつ》に生活《せいかつ》し、仕《し》事《ごと》をしている。職員《しょくいん》とは、十分《じゅうぶん》に「話《はな》し合《あ》うこと」、職員《しょくいん》に「助《たす》けてもらいながら自分《じぶん》で決《き》めること」が大切《たいせつ》だ。毎日《まいにち》のこと、将来《しょうらい》の計画《けいかく》のことについて、職《しょく》員《いん》とわたしたちが一緒《いっしょ》になって「話《はな》し合《あ》うこと」、「助《たす》けてもらいながら、わたしたちが自分《じぶん》で決《き》めること」が大切《たいせつ》だ。なにをするか、なにが計画《けいかく》されているかについて、職員《しょくいん》は、まず、わたしたちに話《はな》してくれることが必要《ひつよう》だ。その上《うえ》に立《た》って、「話《はな》し合《あ》い」ができる

なければ、法的無能力者でも自分が有償労働で得た収入の使途を決定する。法的無能力者といえど一身上の事項に関しては可能な限り自己決定するべきである。

4.「話し合い」および「共同意思決定」

知的障害者は種々の形態の施設等に居住し、労働している。施設等における職員との共生は「話し合い」と「共同意思決定」によって特徴づけられるべきである。日常的な問題および長期的な計画の双方に関して、職員は知的障害者の意見をよく聞き情報を提供することが前提条件となる。情報を得ることから討議することへ繋がっていくべきである。グループで異なった選択肢について議論することが望ましい。最終決定にあたってできる限り知的障害者の希望が聞き入れられるべきである。このようにして知的障害者は、協働

し、「助《たす》けてもらいながら自分《じぶん》で決《き》めること」もできるかもしれない。最後《さいご》の決定《けってい》は、わたしたちの意見《いけん》を大切《たいせつ》にしてほしい。職員《しょくいん》が、わたしたちを大切《たいせつ》にしてくれれば、わたしたちもまた、ほかの人《ひと》を大切《たいせつ》にすることができるようになる。

で作業し、他者に配慮するといった能力を訓練し発展させることができる。

資料《しりょう》2

ぼくたちの権利《けんり》
わたしたちの権利《けんり》
世界《せかい》じゅうで決《き》めたこと

国連総会《こくれんそうかい》による決議《けつぎ》「知的障害者《ちてきしょうがいしゃ》の権利宣言《けんりせんげん》」（1971年《ねん》）

・Förenta Nationernas deklaration om rättigheter för psykiskt utvecklingsstörda, Generalförsamlingen, 1971.12.20

・Declaration on the Rights of Mentally Retarded Persons Proclaimed by General Assembly resolution 2856 (XXVI) of 20 December 1971

1．ぼくたち、わたしたちは、ほかの人《ひと》と同《おな》じ権利《けんり》を持《も》っている。

ぼくたち、わたしたちは、みんな、たいせつな人間《にんげん》だ。「人間《にんげん》としての権利《けんり》」は、ぼくたちにもある。「人間《にんげん》としての権利《けんり》」は、わたしたちにもある。これは世界《せかい》じゅうで決《き》めたことだ。

2．ぼくたち、わたしたちには、障害《しょうがい》がある。だから、たくさんの人《ひと》に助《たす》けてほしい。

病院《びょういん》でも、学校《がっこう》でも、作業所《さぎょうじょ》でも、助《たす》けてほしい。才能《さいのう》を伸《の》ばせるように助《たす》けてほしい。

総会は、

この「知的障害者の権利宣言」を宣言し、以下の権利を守るための共通の基礎および枠組みとして、この宣言が、確実に使用されるための国内的、国際的な行動を要請する。

1．知的障害者は、実際上可能な限り、知的障害のない者と同一の権利を有する。

2．知的障害者は、適切な医療、医療以外の身体的処置、ならびに、その能力と才能を最大限に発展させることを可能にするような教育、ハビリテーション、指導を受ける権利を有する。

3．ぼくたち、わたしたちも、働《はたら》きたい。

働《はたら》けるように、助《たす》けてほしい。働《はたら》けなくても、ぼくたち、わたしたちにも、「できること」を見《み》つけてほしい。

4．ぼくたち、わたしたちは、ほかの人《ひと》と同《おな》じように、くらしたい。

こどものときは、親《おや》といっしょに、くらしたい。おとなになったら、ひとりで、くらしたい。好《す》きな人《ひと》ができたら、好《す》きな人《ひと》と、いっしょに、くらしたい。ぼくたち、わたしたちと、いっしょにくらす家族《かぞく》も、支援《しえん》を受《う》けることができる。施設《しせつ》でくらすときも、ほかの人《ひと》と、同《おな》じように、「ふつうに」くらしたい。

3．知的障害者は、経済的保障ならびに良好な生活水準を享受する権利を有する。また、その能力が許す範囲内で、生産的労働に従事するか、あるいは、生産的労働ではないが、なんらかの意味のある作業に携わる権利を有する。

4．可能な限り、いつでも、知的障害者は、その家族または里親と同居した上で、社会生活のさまざまな活動に参加しなければならない。知的障害者が同居する家族を対象とする支援が提供されなければならない。施設でのケアがどうしても必要な場合であっても、可能な限り、ノーマルな生活と同様の環境、同様の条件のもとに、ケアを提供することになる。

5. ぼくたち、わたしたちが、気《き》もちよく、くらせるように、だまされないように、支援《しえん》してほしい。

必要《ひつよう》があれば、後見人《こうけんにん》を、つけることができる。

6. ぼくたち、わたしたちの権利《けんり》を、法律《ほうりつ》によって守《まも》ってほしい。

ひどいことをされたり、罪《つみ》をなすりつけられたり、しないように、法律《ほうりつ》によって守《まも》ってほしい。裁判《さいばん》は、ぼくたち、わたしたちの「能力《のうりょく》」と「責任《せきにん》」について、よく理解《りかい》したうえで、進《すす》めてほしい、

7. 障害《しょうがい》が、どんなに重《おも》くても、だれも、ぼくたち、わたしたちの権利《けんり》を奪《うば》うことはできない。

5. 知的障害者は、その福祉ならびに利益を守るために必要であれば、資格のある後見人を与えられる権利を有する。

6. 知的障害者は、悪意ある侮辱的行為にさらされ、放置されることから守られる権利を有する。犯罪行為のために訴追される場合は、正当な司法手続きを取る権利を有する。ただし、その場合、知的な責任能力の程度が十分に配慮される。

7. 知的障害者が、その障害が重度であるために、そのすべての権利を有意義に行使することが出来ない場合、または、これらの権利の一部または全部を制限または排除することが必要となった場合、その権利の制限または排除のために

ぼくたち、わたしたちには、「できないこと」がある。
「できないこと」を理由《りゆう》にして、ぼくたち、わたしたちの権利《けんり》を奪《うば》ってはならない。権利《けんり》を、少《すこ》しでも奪《うば》うときは、なぜ、奪《うば》うのか、よく考《かんが》えてからにしてほしい。権利《けんり》を、すべて奪《うば》うときは、とくに、しっかり考《かんが》えてほしい。
決定《けってい》に、不服《ふふく》のあるときは、「不服申《ふふくもう》し立《た》ての権利《けんり》」がある。

援用される手続きは、あらゆる形態の乱用防止のための法的保障措置を含まなければならない。この手続きは、資格を有する専門家による、知的障害者の社会的能力についての評価を根拠としなければならないものであり、また、定期的な再評価および上級機関に対する不服申し立ての権利に従うものでなければならない。

右記の宣言は、１９７１年12月20日、国連の総会によって決議されたものである。7項目の前には、まえがきがあるが、大部分を、ここでは省略した。その中にも、特記するべきものがある。それは、「知的障害者が、多くの活動分野において、その能力を発達できるよう支援し、さらに、可能な限り、ノーマルな生活に、知的障害者を統合することが必要不可欠である」という部分である。

解説1

知的障害者施設「愛」元施設長　小形　烈

日本における知的障害福祉は、いわゆる先進国というべき国の中では遅れて始まりました。（ここで言う福祉の内容は、それを国家や自治体が国民や市民に対し義務として責任をもって福祉政策を行うという意味です）さらに知的障害者が市民として当然の権利を多少でも主張できるようになったのは、１９７０年代の国連での「権利宣言」の採択、また具体的に北欧の福祉が日本に紹介され始めてからだと思います。それはデンマークのバンク＝ミッケルセンらの主張に代表されるような、障害者のノーマライゼーション思想に大きく依拠していると言えます。

今から20～30年程前から、多くの日本人（政治家や福祉関係者はもとより、一般の市民に至るまで）がスウェーデン等を代表とする北欧の福祉を視察してきました。そこで見てきたものは、概括的に言えば障害者の社会生活を保障すべきバリアフリーの施策の数々だったのではないでしょうか。多くの日本人が北欧の福祉を視察すればするほど、それら具体的なバリアフリーの政策や施策を、直接目にすることになったわけです。それは当然のように私たちにとっては、素晴らしい先進的な福祉として感じられ、また社会にも喧伝されました。しかしその経験はむしろ直接的であり視覚的なものであったため、（いわゆるハード的な面に視点が集中し）それを支え運営する面（いわゆるソフトの）が、未検討であったのではないでしょうか。わたしたちの福祉施設の現場である時、私は次のような経験をしました。二十歳を過ぎた男性の「仲間」が、女性との交際を希望した時です。援助者である職員はその交際を認めるために、幾つかの条件を提示したのです。それは、職員が「仲間」にとって「先輩」であり、「教師」であり、さらには「親代わり」であるような場合があり、そのような立場の職員にとっては当然のような条件でした。「しかし待ってください」ひとを愛するための、事前の条件などあるでしょうか。愛は一つの直接性であり、なんらかの条件をクリアした後に始められるものではありません。ここで援助者としての職員は「愛するという直接性」と「援助者としての具体性」という狭間に立たされてしまい、その選択の困難さに戸惑います。このような経験を振り返ると、私たちは思想や理念としてのノーマライゼーションを十分に論議し、また深めてきたでしょうか。心もとない気がします。

またもう一つ大きな問題として、ノーマライゼーションの思想を具体化するバリアフリーの政策や施策について、それを実施する経済的な背景が全く無視され続けられたことです。大まかに言えば、社会保障や社会福祉は経済的な意味では所得の再分配であり、その方法は納税や保険料という方法で、国家や自治体が国民・市民から徴収し、それぞれ福祉施策などを実施することなのですが、そのことについては殆ど論議されませんでした。税金等による国民・市民の高負担問題は北欧各国の所得税や消費税の現実をみれば、極めて明白な事実です。

しかし日本においては、さまざまな税金負担などは低ければ低い程よいという、(当然ですが)ある意味では個人主義的な意識形態のままで市民社会が作られている面がいなめず、福祉に対する公的視点が十分には形成されることなく、今日に至っているとも言えると思います。その意味では明治維新後や第2次大戦後の社会体制の作られ方、つまり国民全体や市民全体が新しい社会体制を作ることに参加していないことが(それは今も続いているのですが)、現在の私たちの福祉を巡る状況を拘束している理由だとも思えます。この福祉を実施する経済的背景の問題は、今後も永く私たちの国の福祉を困難なものにすることになっていくのではないかとも思えます。

私たち福祉現場の職員にとって、経済的な裏付けの問題や社会構造の問題は一つの困難な問題としてあります。しかし、これら困難な問題の克服は、私たち自身が社会保障や社会福祉を思想や理念として構築していくしか方法はありません。まず、私たち自身がノーマライゼーションの思想や理念を本当に支持しているのか、自分たちの仕事を常に振り返る必要があるのではないでしょうか。医療・身体の面、精神・心の面、さらに文化・生活の面、さまざまな場で「仲間」たちが、言われなき困難を背負ってはいないだろうか。それらの問題をひとつずつ点検をした時、現在の私には自信をもって否定しきることはできません。一方、今日の私たち福祉現場では、さまざまな工夫のもと、援助の方法やそのあり方が論議され、あるいは取り組まれつつもあります。私たちの現実から出発したノーマライゼーションの理念やバリアフリーの方法論などが、徐々に取り組まれてもいるのだと思います。

文化人類学者のレヴィ・ストロースはその著『神話と意味』のなかで、「人間の心のなかに起きることが基本的生命現象と根本的に異なるものでないと考えるようになれば、そしてまた、人間と他の生物——動物だけでなく植物も含めて——とのあいだに、のりこえられないような断絶はないのだと感ずるようになれば、そのときにはおそらく、私たちの予期以上の、高い叡知に到達することができるでしょう」と書いております。

二文字先生が訳された、この著『人間としての尊厳』はきっと私たちの福祉現場や福祉を巡る様々な状況のなかで、私たちが歩いて行くための、具体的な示唆と指針を与えてくれるものだと思います。私たちは私たちの福祉の場から、福祉の思想や理念を紡ぎだすことにより、初めて社会に向かってメッセージすることができ、またそのことが必要とされているのではないでしょうか。

民俗学者の柳田国男は、岩手県遠野の伝承や民話などを聞き取り『遠野物語』としてまとめた時に、「願わくは、これを語りて平地人を戦慄せしめよ」と書いております。いつか、私たちにそのような仕事ができることを願っております。

解説２

NHK大阪　元ディレクター　杉本　章

１９５０年代初頭のデンマークに端を発したノーマライゼーション理念と実践は、スウェーデンでは１９６７年に制定された「知的障害者福祉法」によってはじめて法律の上でも明記されたという。当初は施設内処遇の改善や入所者の権利確保が中心だったようだが、「社会サービス法」（82年）、「知的障害者福祉法改正」（85年）を経て脱施設化の方向が明確に打ち出された。とくに新しい「知的障害者福祉法」では、年長児童の成人施設への入所の廃止と新たな施設の建設禁止、既存施設の漸次的解体が明記された。そして、１９８９年委員会の報告書「障害者・福祉・公正」の提言に従って、入所施設を近い将来に完全に閉鎖すること、施設解体計画を国に届け出ることなどが義務づけられた。『人間としての尊厳』が発表されたのはまさにこうした流れの中でエポックとなった１９８５年である。ひるがえって、日本ではどうだったのだろうか。

スウェーデンで「知的障害者福祉法」が制定された前年の１９６６年、日本政府は国立の大規模収容施設「高崎コロニー」の建設を決め（71年開所）、１９７０年には「社会福祉施設整備緊急５ケ年計画」を策定して施設増設に本格的に乗り出した。以来、障害者施設とりわけ知的障害者の入所施設は増え続け、現在に至るまでその傾向が続いている。

試みにこの間の知的障害者の入所施設の施設数、定員数の推移を見ると、67年当時にはわずか１０２ヶ所、６、９６１人に過ぎなかったものが、85年には６８０ヶ所、４７、６５３人、そして96年には１、２９５ヶ所、９２、９３８人と、施設数、定員数とも実に13倍にも達している。こうして今では、知的障害者の１／３以上が本人が望みもしていない施設での生活を余儀なくされているのである。

そして今、全国各地の知的障害者施設で入所者に対する人権侵害、虐待事件が続発している。なぜこれほどの違いが生じてしまったのだろうか。

日本でもすでに70年代半ばには、政府自体が地域福祉を強調していた。「地域社会というコミュニティの中で身体障害者が、その構成員として活動に参加できる条件整備を進めるため、地域福祉サービスの強化もまた当面の重要課題である」（１９７６年版『厚生白書』）。また、中央児童福祉審議会は74年11月の答申で、従来から障害児対策はどちらかというと施設収容対策に主眼がおかれてきたが、障害児にとっても可能な限り在宅処遇が望ましいとして在宅対策の強化の必要性を強調しているのである。

しかし先にも触れた通り、障害者施策、とくに知的障害者に対して現実に取られたのはとどまることのない施設増設であり、障害の程度による分類処遇と施設機能の強化であった。戦後日本の障害者施策の歴史を一貫しているのは、ここに見られるように、謳い文句と実際の施策の背反、法制度における理念・目的規定と実体規定の甚だしい乖離に他ならない。これを「精神主義的な連帯主義」と言うかどうかは別として、また、どれだけ「具体的な環境整備に努め」てきたかということ以前に、そもそも法制度・施策は政策理念を実体化するために制定・実施されるものだという、考えてみれば当たり前のことが行われてきたのかどうかが先ず問われなければならない。

『人間としての尊厳』は前述したように、スウェーデンで施設の縮小・解体とグループホームへの移行が進められていくその最中に書かれた、知的障害者施設の入所者に対する援助・処遇の原則であり、そこでの職員の役割と仕事に関する具体的な指針である。これを同国の障害者施策の流れの中に置いてみるとき、ノーマライゼーション理念・原則を具体化するとはこういうことだということが、一筋のまぎれもなく了解できる。

「職員は知的障害者をケアするに際して、常に知的障害者を人間としての尊厳の対象とすることに格段に配慮しなければならない」。ここまでは日本の政府も施設経営者でも言うことである。しかし、「知的障害者に対して、侮辱的、嘲笑的な言葉を用いてはならない」「職員は、見学者を迎え入れることを承諾するかどうか、入居者に前もって確認をする必要がある」といったことを厳格に守っている施設はそれほど多くない。また、入所者から「実際上の経済的価値」のある品物を受け取ることこそそれほど多くないにしても（もっとも、親に多額の寄付を強要した施設経営者がいた）、入所者が自費で買って置いているおやつや飲み物を無断で飲み食いすることを何とも思わない職員さえいる。入所者が「日常生活上のことに関して自己決定する権利」「何らかの決定が出る前に本人の権利について情報を受け取ること」「決定に対して反論を提出する権利」にいたっては、とくに知的障害者の施設ではほとんど問題にもされないのが通例である。

『人間としての尊厳』の説得力は、単に普遍的な人権原則が障害をもつ人にも適用されるべきだと説くのではなく（それは日本ではしばしば建前のみに終わってしまう）、知的障害というものの特徴をきちんと見据えた上で、それぞれの場面における具体的な援助のあり方と援助を通しての人権尊重という視点が明確に貫かれていることによって一層強まっている。

たとえば、「重度の知的障害者は概念世界を自分たちの得る、具体化された印象の上に構築している。

彼らは、そういった方法で状況や対象を経験、記憶、比較、認知するのである。……いくつかの言葉を発語できる者もあるが、意味は解しないのである。しかし、彼らは語彙を状況と結びつけることはできる。つまり何かが生ずるというサインとして語を理解する」という指摘は、多少とも知的障害者とかかわった経験のある者には容易に思い当たる節があるだろう。その上で、「重度の知的障害者がものごとを理解するのが困難であるという事実も、だからといって自分の意思がないということを意味するわけではない。重度障害者のケアを行うなかで、一番大切なことは、本人の願いを解釈し、本人の意思を引き出すように努めることである」「知的障害者もまたミスを犯すということを、当然の権利としているということを想起する必要がある」。さらに、ケアに関する決定は「本人の意思に従って決定が行われなければならない。もしも、決定がなされたあとで、知的障害者が別の考えを持った場合は決定は可能な限り破棄されるべきである」等の指摘は、日本においてはとりわけ強調される必要があるだろう。

それにしても、「知的障害者の寝室はパーソナルな住空間として考慮されるべきであり、可能な限り、私的な住居としてみなす努力を惜しんではならない。知的障害者各自は、自室に自分の好みで家具を備えてよいし、好みに応じた飾り付けをしてよい。居室が共有される場合は、双方の居住者の気持ちが顧慮されるべきである。誰かと居室を共有したいとか、それを中止したいとかの希望を表明した場合、その希望は尊重されるべきだ」という指針が定められているスウェーデンと比較して、「(居室)一室の定員は、4人を標準とする」「入所者一人当たりの床面積は3、3平方メートル以上」「入所者の寝具及び身の回り品を各人別に収納することができる収納設備を設けること」(「精神薄弱者援護施設の設備及び運営に関する基準」)という規定が現在もまかり通っている日本の障害者施設の何という貧弱さ、人権意識のなさであろうか。

また、「多くの場所で、知的障害者のセックスに対して偏見のない態度が確立してきている。このようにして一部の知的障害者を助けて安定した性的関係に導くことが可能となってきた」という彼国に対して、「(男子用と女子用の居室の)その間の通路は、夜間は通行できないように遮断できるものであること」(同上)という日本の、この落差のあまりの大きさをどう言えばよいのだろうか。

もちろん、本文でも明らかなように、スウェーデンでも「依然として多くの施設等で、知的障害者は、自分の部屋を持たず、誰にも邪魔されないですむ場所もない状態」があったり、「知的障害者のセックスおよび同棲の機会は制限されるべきだ」と考える職員がいるという現実はあるのだろう。そうした現実を認めた上で、「知的障害者のための施設やグループホーム等に生活するカップルが、同棲したいと希望したとき、まず第一にするべきことは、施設等の外に彼らだけの住居を用意できるかどうか調べてみること」であり、また、知的障害者のセックスや同棲に対してどういう態度を取るかは「職員グループ内で一致できる考え方に立脚する必要がある。合意により確立されるべきルールはまず第一に知的障害者のためのものであるべきであって、職員の都合は二の次であるべきだ」と、入所者の人権を最優先させるという原則を明らかにし、その原則に則った具体的な指針が明快に示されている。

以上見てきたように、本書はブックレットという簡便さにもかかわらず、人間及び人間社会に対する深い洞察と人権尊重の理念が随所に示されており、さらにその理念と具体的指針とがみごとに調和した極めて高度の内容に満ちている。知的障害者施設の関係者はもとより、広く障害者・高齢者、さらには児童福祉に携わる人、これからその分野を目指そうとする人にもぜひ活用していただきたいと思う。

表紙とさし絵でこの本をすてきに飾ってくれたのは、川村《かわむら》敬《たかし》さん、稲留《いなとめ》武史《たけし》さん、平石《ひらいし》健太郎《けんたろう》さん、N・Sさん（大阪教育大学付属養護学校）。

「目次」とスウェーデン社会庁による「知的障害者の自由と権利」を、やさしい日本語版に訳すときに、意見を言って相談にのってくれたのは、新井《あらい》勉《つとむ》さん、石田《いしだ》建行《たてゆき》さん、鍋島《なべしま》康秀《やすひで》さん、八木《やぎ》雅弘《まさひろ》さん、山本《やまもと》道子《みちこ》さん（西淡路希望の家）。

Tack!

みなさんのご協力に、心から「ありがとう」の言葉をささげます。

『人間としての尊厳』第2版の刊行によせて

１９５０年代初頭の北欧諸国に淵源をもつ〝ノーマライゼーション〟の考え方はもともと、障害をもつ人をその障害とともに受け入れ、その人達にノーマルな（一般市民と同等の）生活条件を保障しようというところから出発しました。しかし現在では、これはノーマライゼーション理念の二つの側面の片側を表しているに過ぎないと認識されるようになっています。

では、ノーマライゼーション理念のもう一つの側面とは何でしょうか。それは、１９８１年国際障害者年にあたって国連が採択した行動計画の次の一節に端的に示されています。

「ある社会がその構成員のいくらかの人々を閉め出すような場合、それは弱く脆い社会なのである」――つまり、〝4つのバリア〟（制度、物理的環境、情報・文化、人々の意識）によって障害をもつ人を閉め出している現在の社会はノーマルな社会ではなく、このような社会は変革されなければならないというきわめて実践的な認識です。

このような視点をもつノーマライゼーション理念を具体化するためには、障害を持つ人を閉め出している現在の社会と「障害をもつ人とともに生きる社会との間に立ちはだかっている壁を崩し、溝を埋める活動が必要です。とくに文化・情報面と人々の意識の壁という二つの障壁を破り、「交る文化」すなわちノーマライゼーションカルチャーとも言うべき対等で自由な市民文化を創出していくことが求められています。

本書はこうした考えに基づいて、ノーマライゼーションの原点である「人間としての尊厳」を問うとともに、「知的障害者」の立場からの易しい提起を併記しています。

つまり理念と、差別や偏見から生じたといえる提起が表裏一体化して、知的障害のある人とどうつきあうかが感取される〝スタイル〟であり、それは対等で自由な「交る文化」を創出するための一つの試み、活動でもありました。

そしていつしか普遍的な基本図書として、支援現場のバイブルと評されるようになった本書が、今の日本の状況に必要であるとの認識が、再版につながりました。

人間が暮らす社会には多種多様な考え方があり、それと同時に多種多様な差別も存在しています。多種多様な考え方が存在するのは当然のことですが、だからと言って私たちは、人々が抱いている多種多様な差別する心をそのまま認めるという〝現実論〟に与（くみ）しようとは思いません。現実の差別、差別する心に直面したとき、とっさに「否」と応えたいと願う人々の心を信じ、自分自身の心のうちに潜む差別観に目を凝らす生き方を指向したいと思います。

本書が〝自分の生〟を照らしだし、人間としての原点を確かめていく上で小さくとも一つの輝きを放つことのできる存在となることを信じるとともに、このささやかな冊子が媒介となって、人と人がともに生きるための多様な思考が展開されることを希望しています。

二〇二〇年一月

野嶋　スマ子

（障害者人権文化室Ｎプランニング／障害者と支援者をつなぐＮＰＯ法人エンパワメント・プランニング協会・元代表）

執筆者略歴
カール・グリューネヴァルト　Karl Grunewald（1921-2016）
社会庁医務官。本書の実質的な執筆者である。知的障害者の施設解体に向け貢献。知的障害者への断種不妊手術の闇を告発。
LSS~lagen om stöd och service och närliggande lagstiftning, Intra. 2013.,
Från idiot till medborgare: de utvecklingsstördas historia, Gothia. 2010.,
Omsorgsboken: en bok om människor med begåvningshandikapp, Liber. 1993.

バルブロ・ヴェステルホルム　Barbro Westerholm（1933-）
医師。社会庁長官（1979-1985）。自由党所属国会議員（1988-1999）。スウェーデン年金生活者連盟（Sveriges Pensionärsförbund）会長（1999-2005）。自由党所属国会議員に復帰（2006-2022）。最高齢議員。

訳者略歴
二文字理明（にもんじ・まさあき）
大阪教育大学名誉教授
『障害者権利擁護運動事典』明石書店 2015
『スウェーデンの教育と福祉の法律』桜井書店 2011
『北欧の知的障害者』青木書店 1999
『スウェーデンの障害者政策』現代書館 1998
『スウェーデンの障害児教育改革』現代書館 1995
「障害者にとって人間としての尊厳とはなにか」『季刊福祉労働』158 号 , 2018
「スウェーデンの市民成年後見制度の内容と特徴」『実践成年後見』32 号 , 2010

第 1 版は私家版（障害者人権文化室 N プランニング版）で、
第 2 版より小社の刊行物として刊行しております。

［第2版］
人間《にんげん》としての尊厳《そんげん》――ノーマライゼーションの原点《げんてん》・知的《ちてき》障害者《しょうがいしゃ》とどうつきあうか

2020年1月20日　初版第1刷発行

原著者　スウェーデン社会庁
訳　者　二文字理明
発行者　菊地泰博
組　版　具羅夢
印　刷　平河工業社（本文）
　　　　東光印刷所（カバー）
製　本　積信堂
装　幀　西村吉彦

発行所　株式会社　現代書館
〒102-0072　東京都千代田区飯田橋3-2-5
電話 03 (3221) 1321　FAX 03 (3262) 5906
振替 00120-3-83725　http://www.gendaishokan.co.jp/

ISBN978-4-7684-3574-8
定価はカバーに表示してあります。乱丁・落丁本はおとりかえいたします。

活字で利用できない方のための
テキストデータ請求券
『人間としての尊厳』